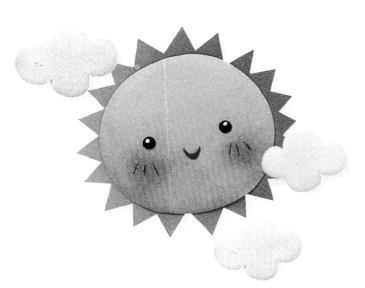

趣味

花邊

造 型

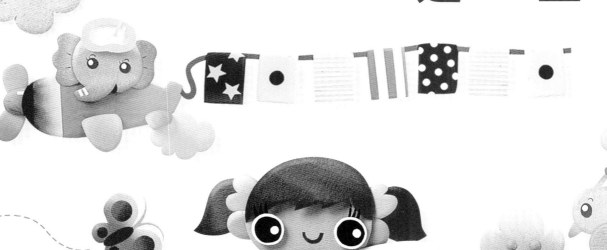

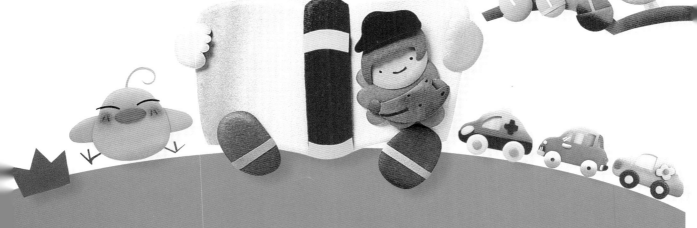

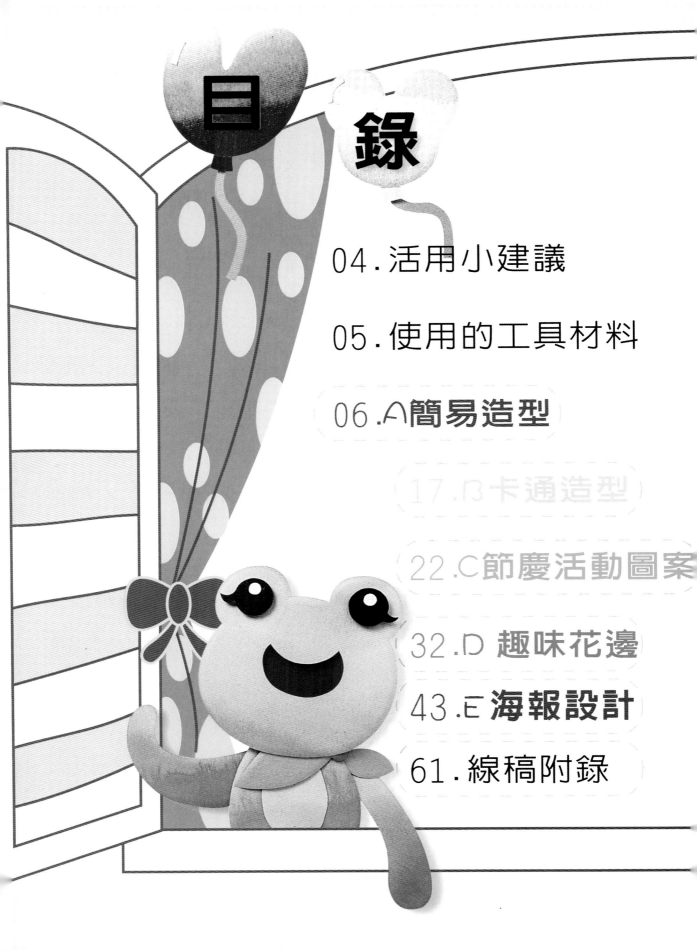

目錄

本書中共計有250種以上的可愛紙雕造型，紙雕的做法簡單而快速，皆為〝滾圓邊技法〞來製作本書所有的作品，既美觀又便，只要照著線稿剪貼，您也可以做出可愛的紙雕作品。

書中分為**簡易圖案**、**卡通造型**、**節慶活動圖案**、**趣味花邊**四大單元，並有**40種**的應用橫式花邊及邊框；海報設計則有**18種**範例供您參考學習，每件作品皆附有線稿，可應您需求影印放大或縮小；另外，您也可以直接採用光碟上的圖檔或線稿，在製作上更得心應手。

THANK YOU

● 小卡片

（150702）
線稿P62

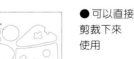

● 可以直接剪裁下來使用

→ 放入光碟片
　→ 點選趣味花邊造型
　　→ A-紙雕圖案
　　　→ 150702

→ 放入光碟片
　→ 點選趣味花邊造型
　　→ B-紙雕圖案線稿
　　　→ 150702

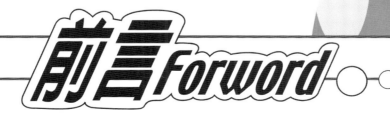

前言Forword

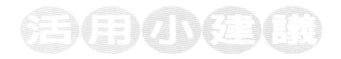

材料選擇：

1.窗戶-卡點西德

2.壁報－紙類環保類、金屬類、多媒材等視主題而定。

3.利用保麗龍或珍珠板作多層次搭配。

教室佈置有效要訣：

1.**材料**簡單、製作方便、省時又省力。

2.**色彩**搭配與學習風氣息息相關。

3.製造**主題式環境**，達到平衡的效果。

色彩選擇：

1.類似色與對比色

ex: ▢▢ ▢▢ v.s. ▢▢ ▢▢

2.寒色與暖色系

ex: ▢▢ ▢▢ v.s. ▢▢ ▢▢

3.高彩度與低彩度

ex: ▢▢ ▢▢ v.s. ▢▢

4.明度參考表

高明度	中明度	低明度
具有積極、快活、清爽、明朗的感覺。適合表現輕快、開朗、親切、華麗的畫面。	具有柔和、幻想、甜美的感覺。適合表現高雅、古典、奢華的畫面效果。	具有苦悶、鈍重、明瞭、暖和的感覺。適合表現陰沈、憂鬱、神祕、莊重的畫面效果。

主題式環境：

例如：

1.抽象

2.人物

3.動物

4.兒童教育

5.生活情節

6.校園主題

7.節慶

8.環保

9.花藝

10.童話故事

等等

（可參考教室環境設計1～6）

老師與學生可利用本書中所附之線稿來進行教室的佈置，同時讓小朋友們養成分工合作的好習慣，培養群育和美育，並讓師生們在製作過程中營造出良好的關係與默契。

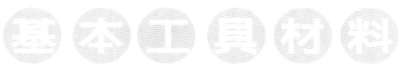
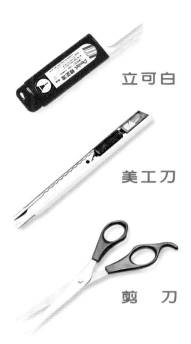

立可白

美工刀

剪　刀

打洞器

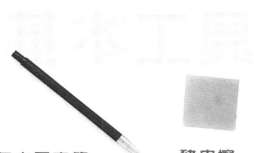

無水原字筆
可用於描圖、作
紙的彎曲等。

豬皮擦
可將滲出的膠水擦
掉。（最好待乾後
再擦拭）

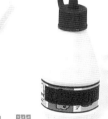

相片膠
利於紙雕時
的黏貼。

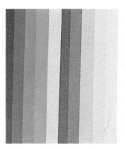

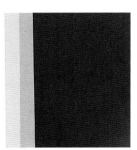

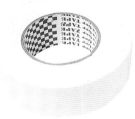

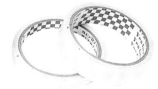

泡綿膠
可用來墊高，使之
凸顯立體感。

雙面膠

白膠

應用紙材

美術紙中使用較普
遍級的有書面紙、
腊光紙、粉彩紙、
丹迪紙。。

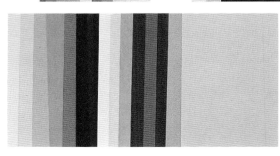

描圖紙
可用於描圖，也可以
作翅膀等半透明性質
的表現。

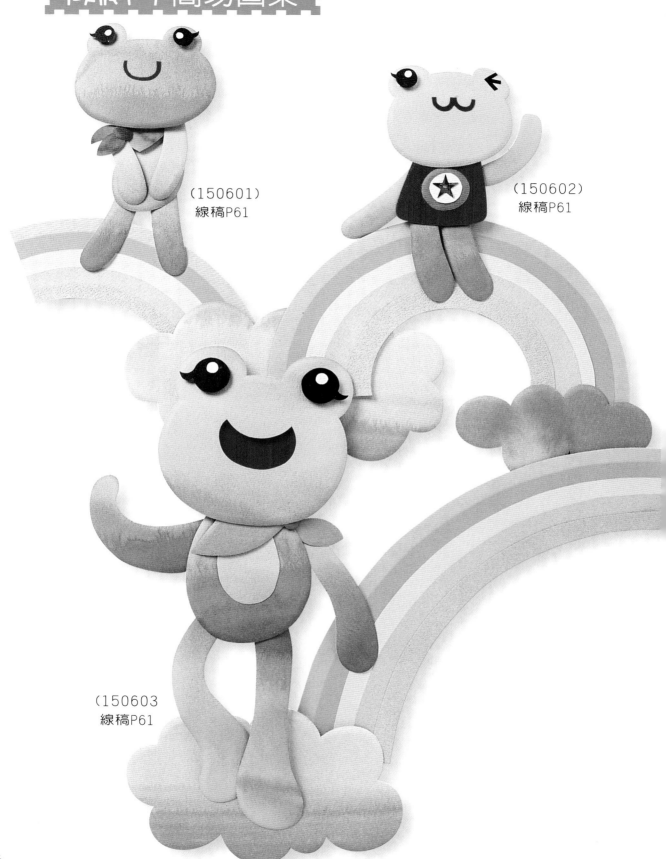

（150601）
線稿P61

（150602）
線稿P61

（150603
線稿P61

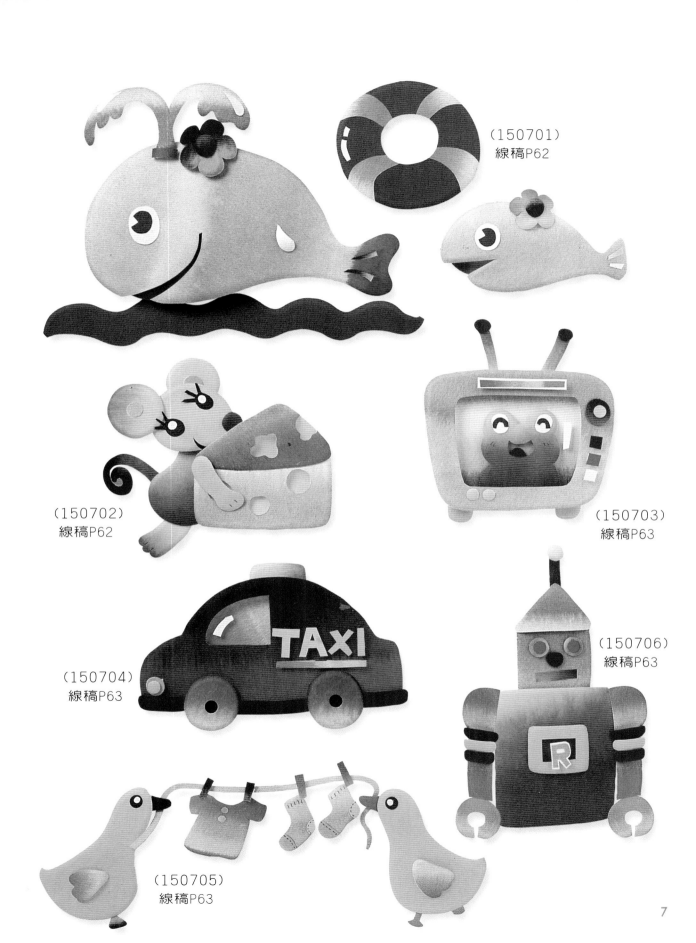

（150701）
線稿P62

（150702）
線稿P62

（150703）
線稿P63

（150704）
線稿P63

（150706）
線稿P63

（150705）
線稿P63

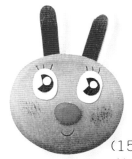

（150801）
線稿P64

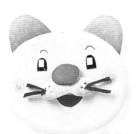

（150802）
線稿P64

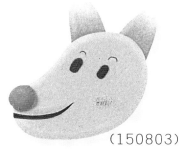

（150803）
線稿P64

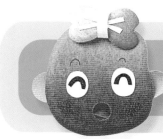

（150804）
線稿P64

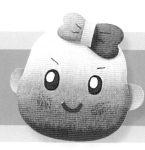

（150805）
線稿P64

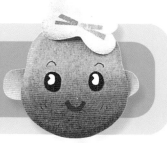

（150806）
線稿P64

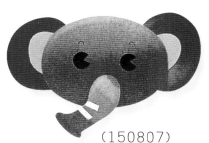

（150807）
線稿P64

（150808）
線稿P64

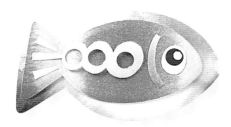

（150809）
線稿P64

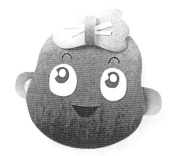

（150810）
線稿P65

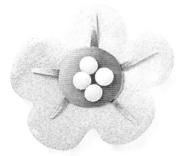

（150812）
線稿P65

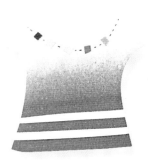

（150813）
線稿P65

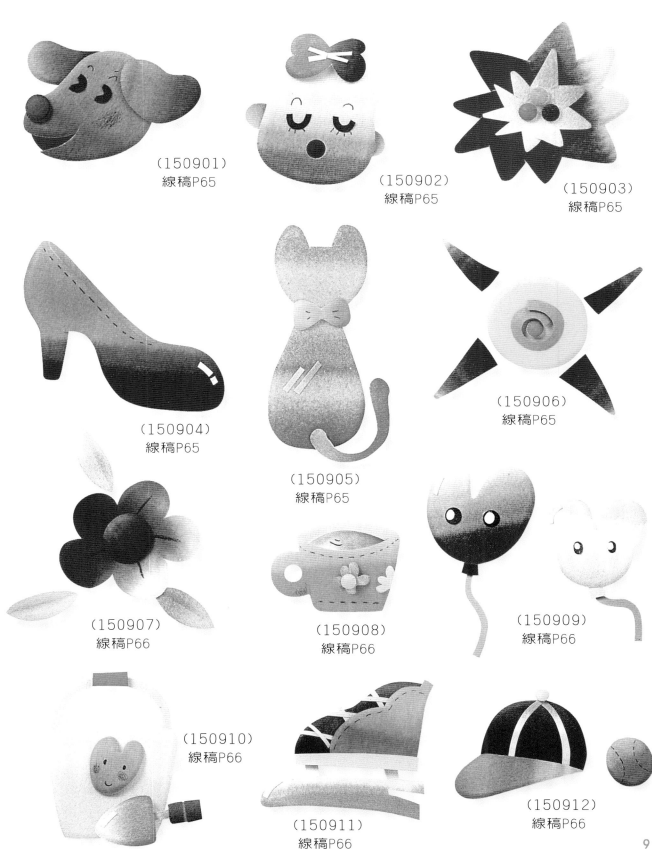

（150901）
線稿P65

（150902）
線稿P65

（150903）
線稿P65

（150904）
線稿P65

（150905）
線稿P65

（150906）
線稿P65

（150907）
線稿P66

（150908）
線稿P66

（150909）
線稿P66

（150910）
線稿P66

（150911）
線稿P66

（150912）
線稿P66

9

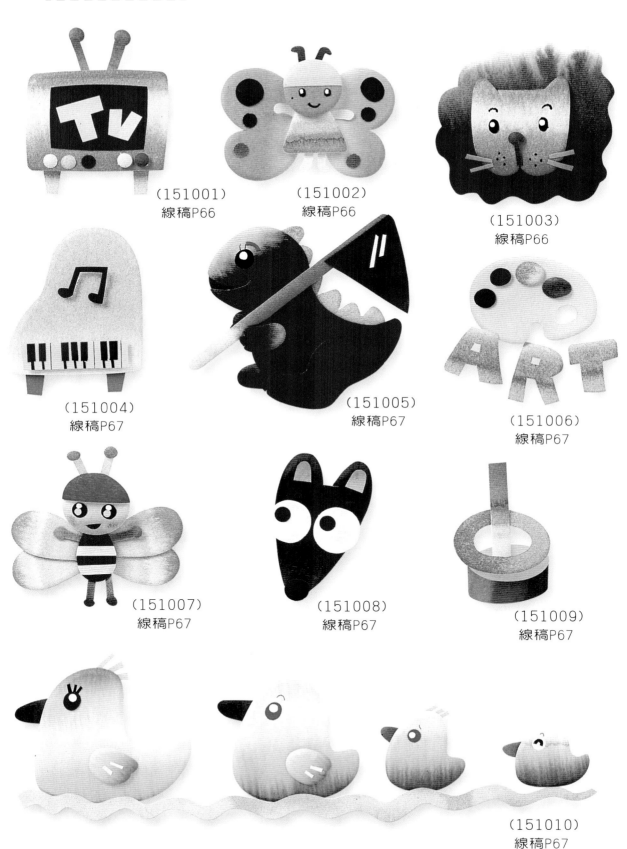

（151001）
線稿P66

（151002）
線稿P66

（151003）
線稿P66

（151004）
線稿P67

（151005）
線稿P67

（151006）
線稿P67

（151007）
線稿P67

（151008）
線稿P67

（151009）
線稿P67

（151010）
線稿P67

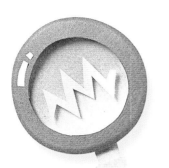

（151101）
線稿P68

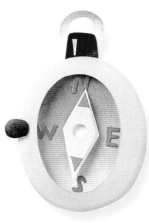

（151102）
線稿P68

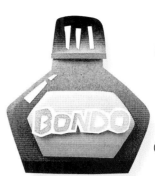

（151103）
線稿P68

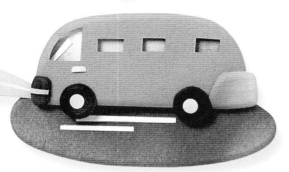

（151104）
線稿P68

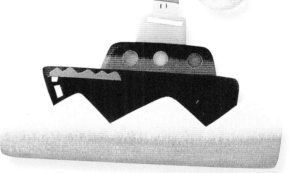

（151105）
線稿P68

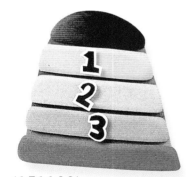

（151106）
線稿P68

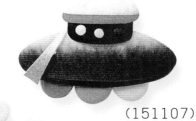

（151107）
線稿P68

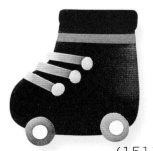

（151108）
線稿P69

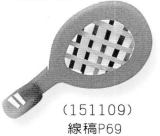

（151109）
線稿P69

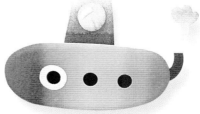

（151110）
線稿P69

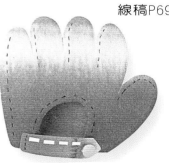

（151111）
線稿P69

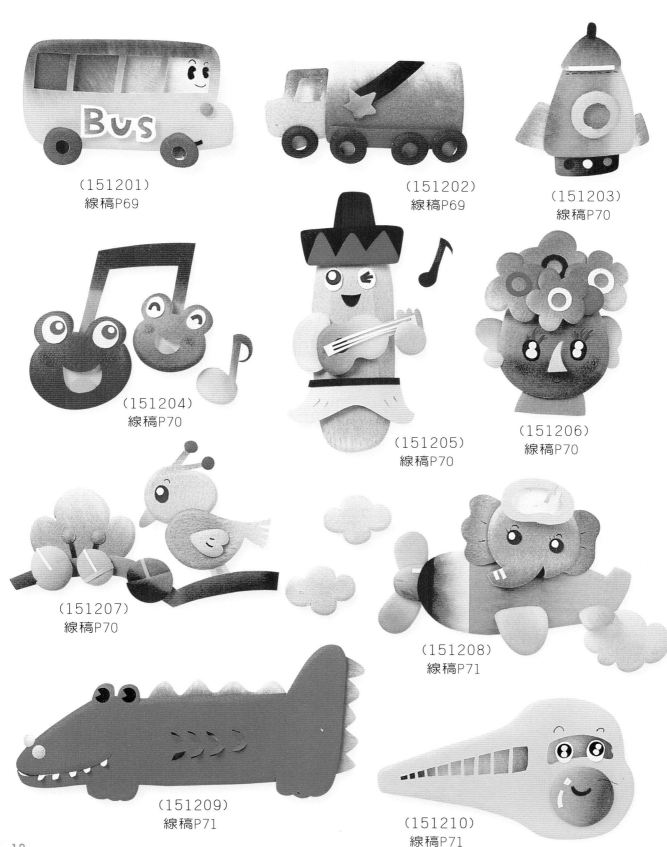

(151201)
線稿P69

(151202)
線稿P69

(151203)
線稿P70

(151204)
線稿P70

(151205)
線稿P70

(151206)
線稿P70

(151207)
線稿P70

(151208)
線稿P71

(151209)
線稿P71

(151210)
線稿P71

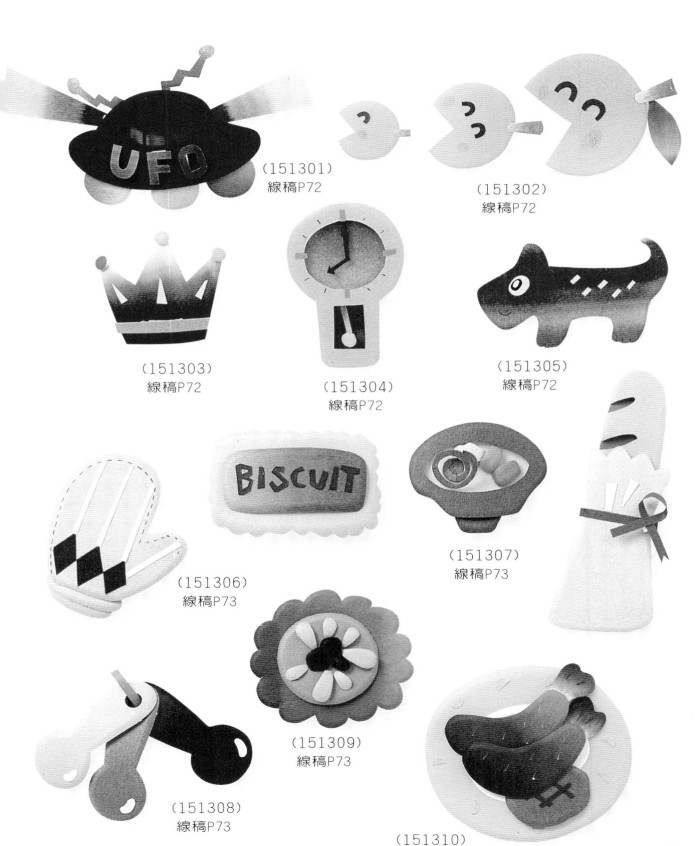

（151301）
線稿P72

（151302）
線稿P72

（151303）
線稿P72

（151304）
線稿P72

（151305）
線稿P72

（151306）
線稿P73

（151307）
線稿P73

（151308）
線稿P73

（151309）
線稿P73

（151310）
線稿P73

13

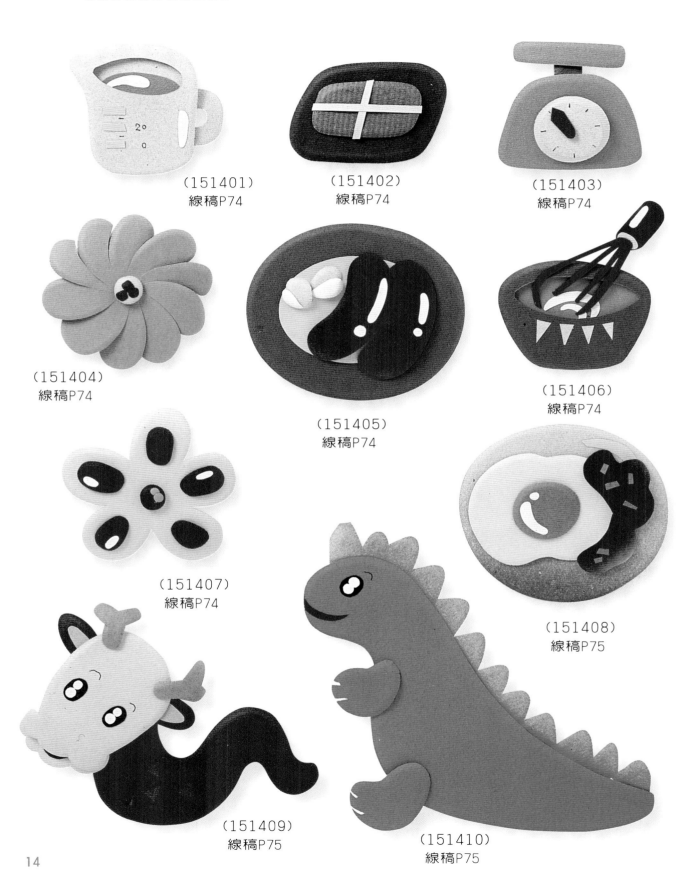

(151401)
線稿P74

(151402)
線稿P74

(151403)
線稿P74

(151404)
線稿P74

(151405)
線稿P74

(151406)
線稿P74

(151407)
線稿P74

(151408)
線稿P75

(151409)
線稿P75

(151410)
線稿P75

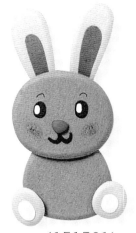

（151501）
線稿P76

（151502）
線稿P76

（151503）
線稿P76

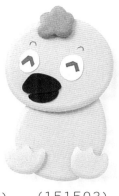
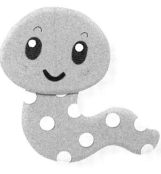

（151504）
線稿P76

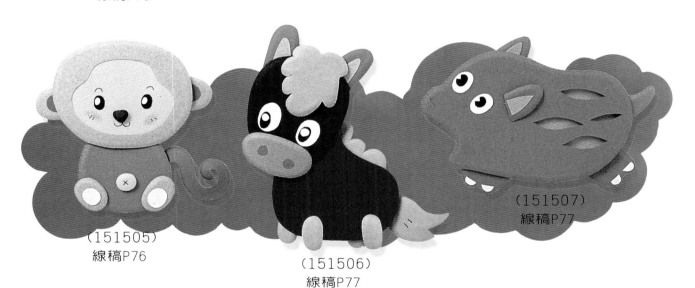

（151505）
線稿P76

（151506）
線稿P77

（151507）
線稿P77

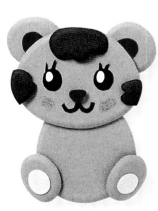
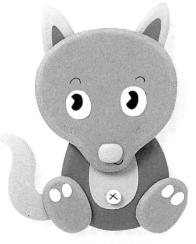
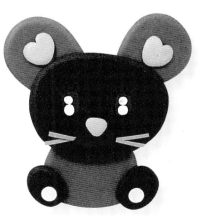

（151508）
線稿P77

（151509）
線稿P77

（151510）
線稿P77

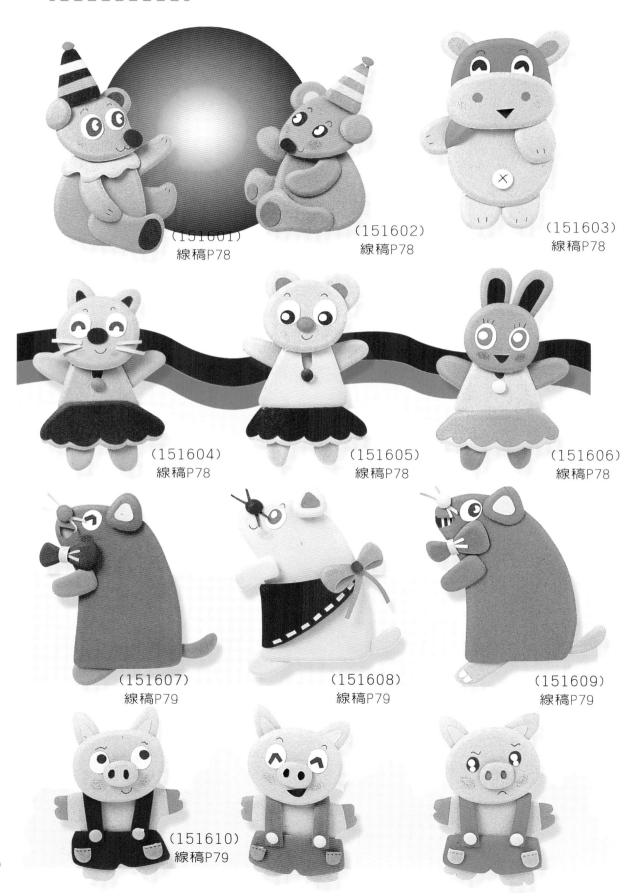

（151601）
線稿P78

（151602）
線稿P78

（151603）
線稿P78

（151604）
線稿P78

（151605）
線稿P78

（151606）
線稿P78

（151607）
線稿P79

（151608）
線稿P79

（151609）
線稿P79

（151610）
線稿P79

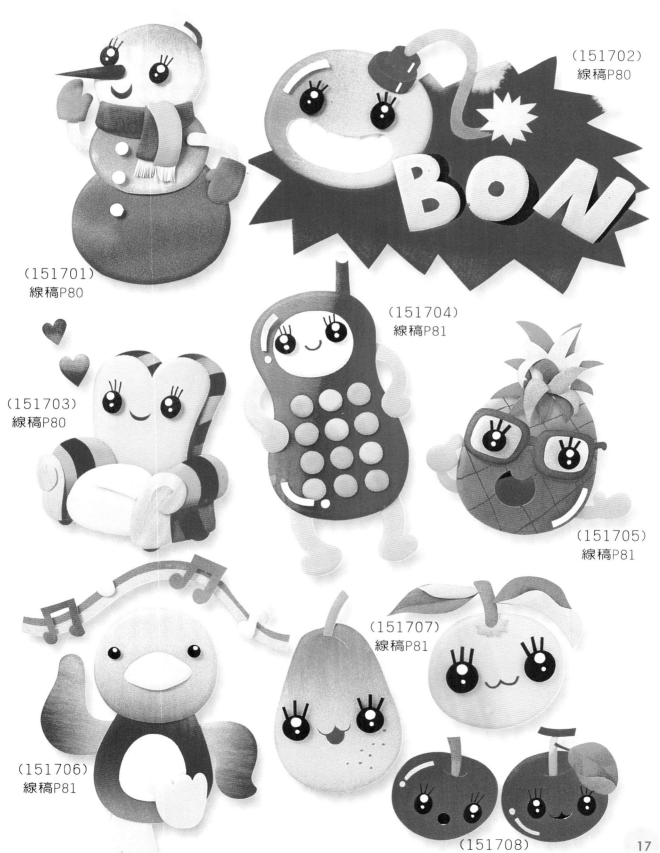

BON

(151702)
線稿P80

(151701)
線稿P80

(151703)
線稿P80

(151704)
線稿P81

(151705)
線稿P81

(151707)
線稿P81

(151706)
線稿P81

(151708)
線稿P81

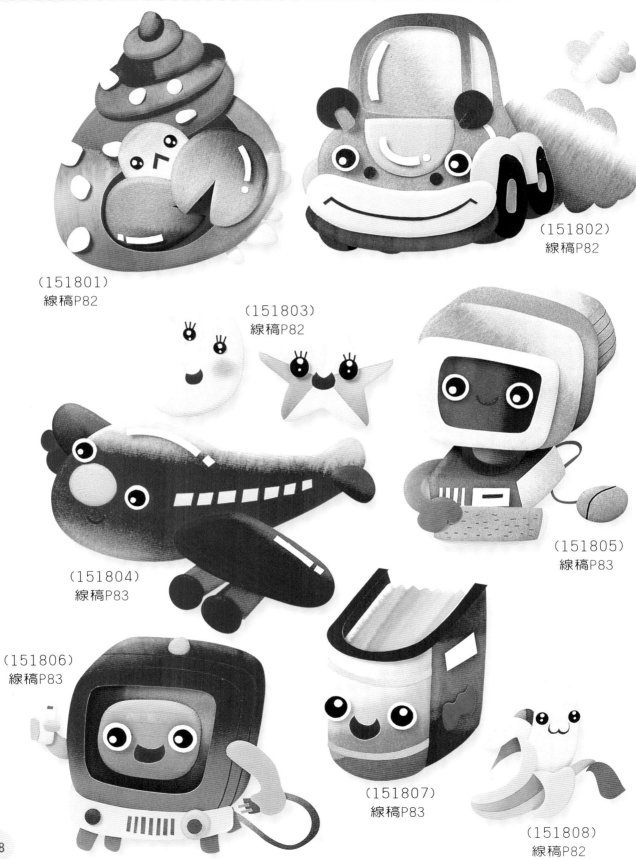

（151801）
線稿P82

（151802）
線稿P82

（151803）
線稿P82

（151804）
線稿P83

（151805）
線稿P83

（151806）
線稿P83

（151807）
線稿P83

（151808）
線稿P82

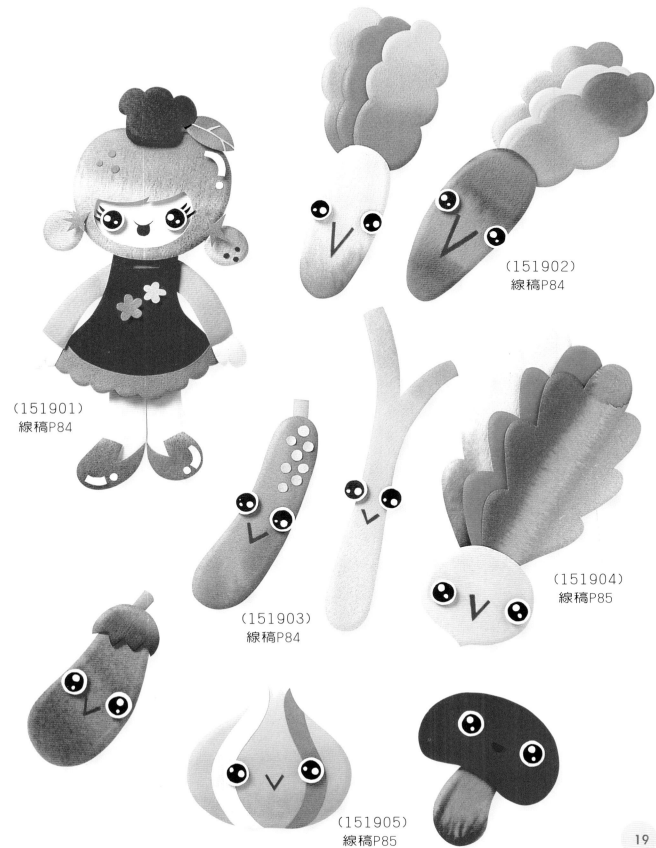

（151901）
線稿P84

（151902）
線稿P84

（151903）
線稿P84

（151904）
線稿P85

（151905）
線稿P85

（152001）
線稿P85

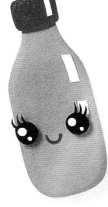

（152002）
線稿P85

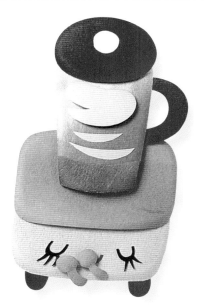

（152003）
線稿P86

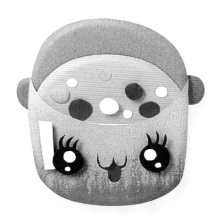

（152004）
線稿P86

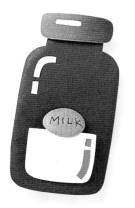

（152005）
線稿P86

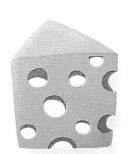

（152006）
線稿P86

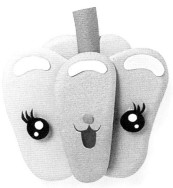

（152007）
線稿P86

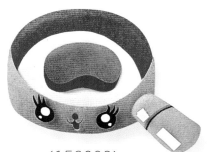

（152008）
線稿P86

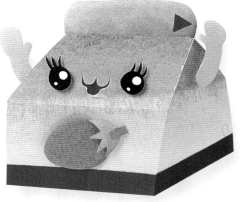

（152009）
線稿P86

（152103）
線稿P87

（152102）
線稿P87

（152104）
線稿P88

（152105）
線稿P88

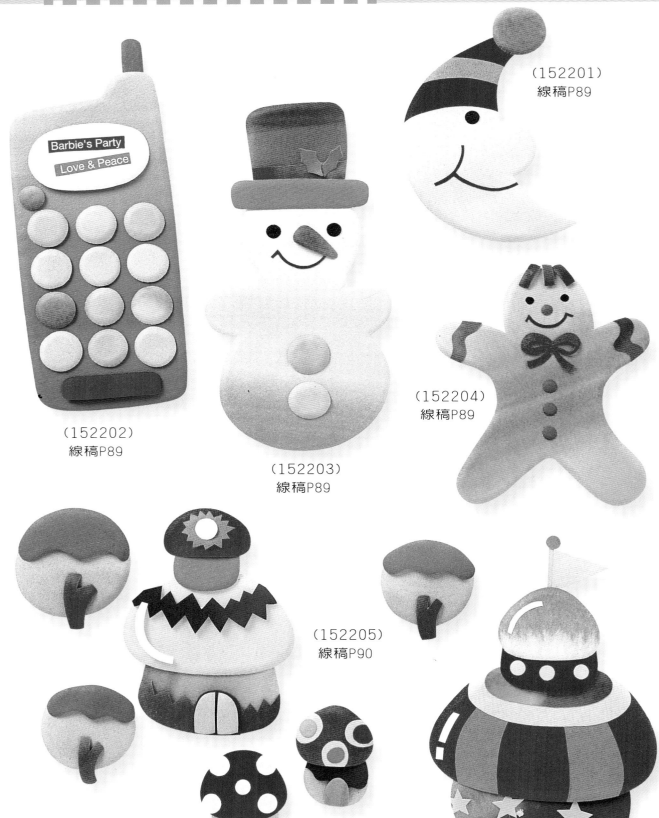

（152201）
線稿P89

（152202）
線稿P89

（152203）
線稿P89

（152204）
線稿P89

（152205）
線稿P90

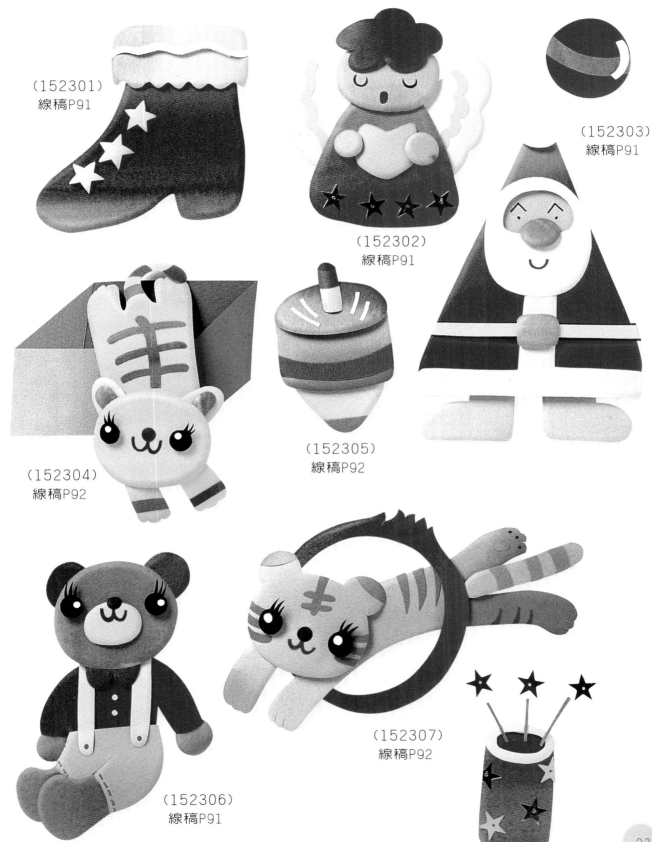

（152301）
線稿P91

（152302）
線稿P91

（152303）
線稿P91

（152304）
線稿P92

（152305）
線稿P92

（152306）
線稿P91

（152307）
線稿P92

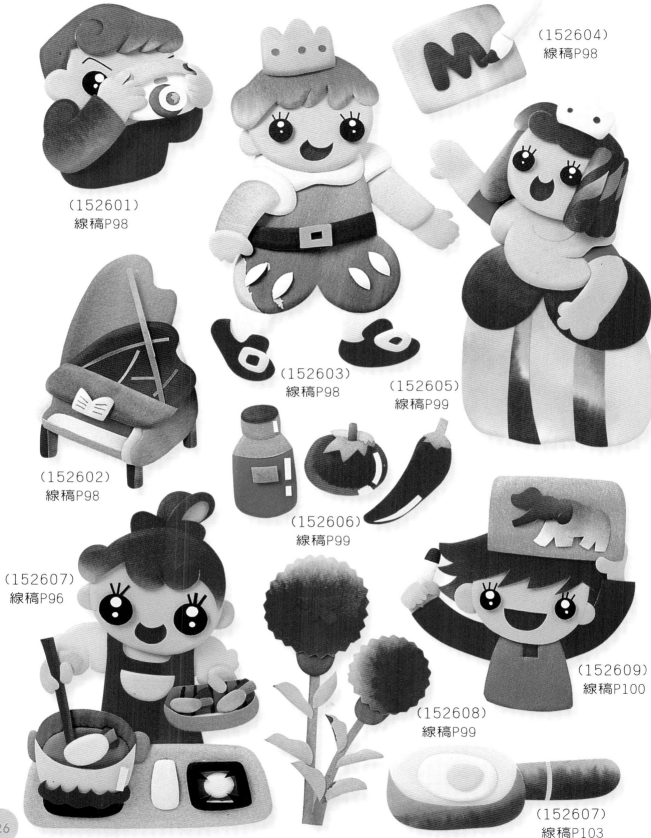

（152601）
線稿P98

（152604）
線稿P98

（152603）
線稿P98

（152605）
線稿P99

（152602）
線稿P98

（152606）
線稿P99

（152607）
線稿P96

（152608）
線稿P99

（152609）
線稿P100

（152607）
線稿P103

（152701）
線稿P100

（152702）
線稿P100

（152703）
線稿P100

（152704）
線稿P100

（152705）
線稿P101

（152706）
線稿P100

（152707）
線稿P100

（152708）
線稿P101

（152709）
線稿P101

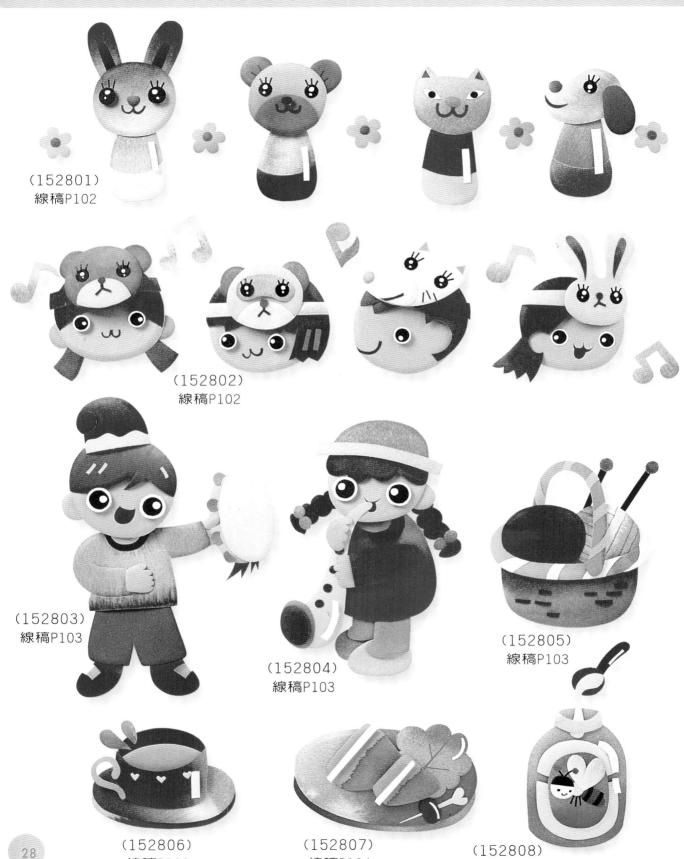

（152801）
線稿P102

（152802）
線稿P102

（152803）
線稿P103

（152804）
線稿P103

（152805）
線稿P103

（152806）
線稿P103

（152807）
線稿P104

（152808）
線稿P104

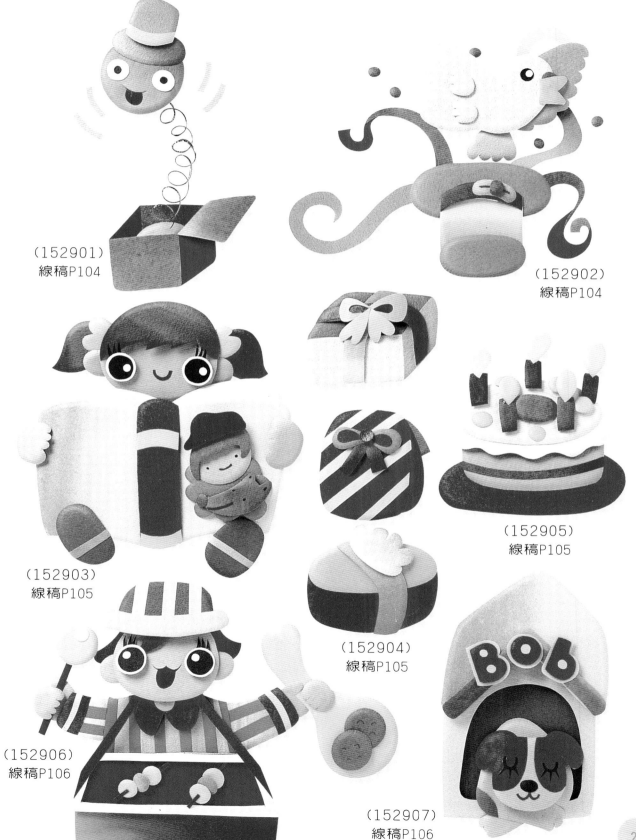

（152901）
線稿P104

（152902）
線稿P104

（152903）
線稿P105

（152904）
線稿P105

（152905）
線稿P105

（152906）
線稿P106

（152907）
線稿P106

29

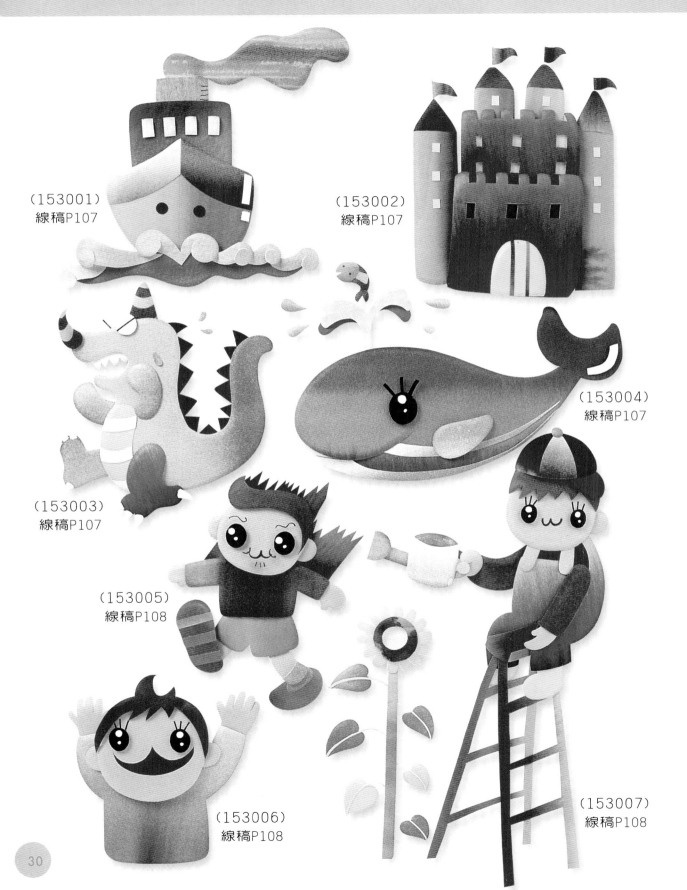

(153001)
線稿P107

(153002)
線稿P107

(153004)
線稿P107

(153003)
線稿P107

(153005)
線稿P108

(153006)
線稿P108

(153007)
線稿P108

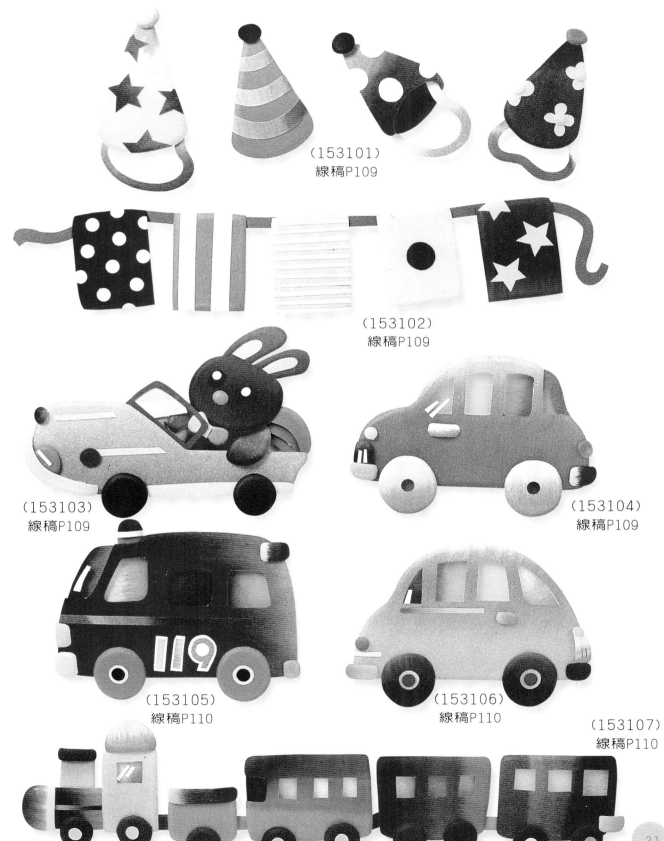

（153101）
線稿P109

（153102）
線稿P109

（153103）
線稿P109

（153104）
線稿P109

（153105）
線稿P110

（153106）
線稿P110

（153107）
線稿P110

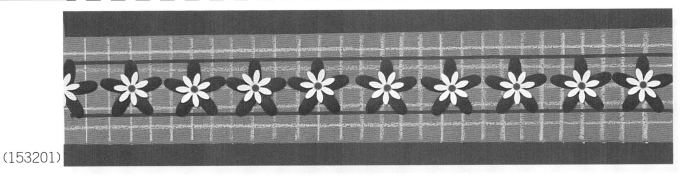

(153201)

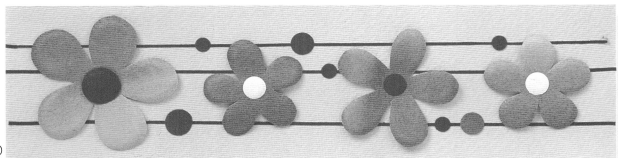

(153202)

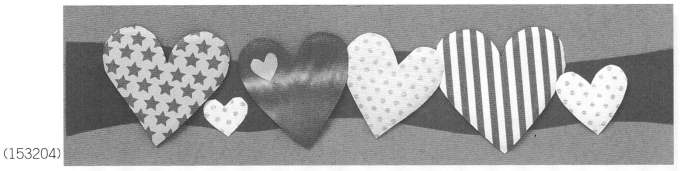

(153203)

(153204)

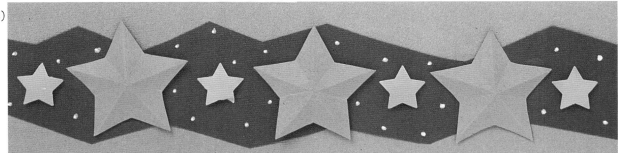

(153205)

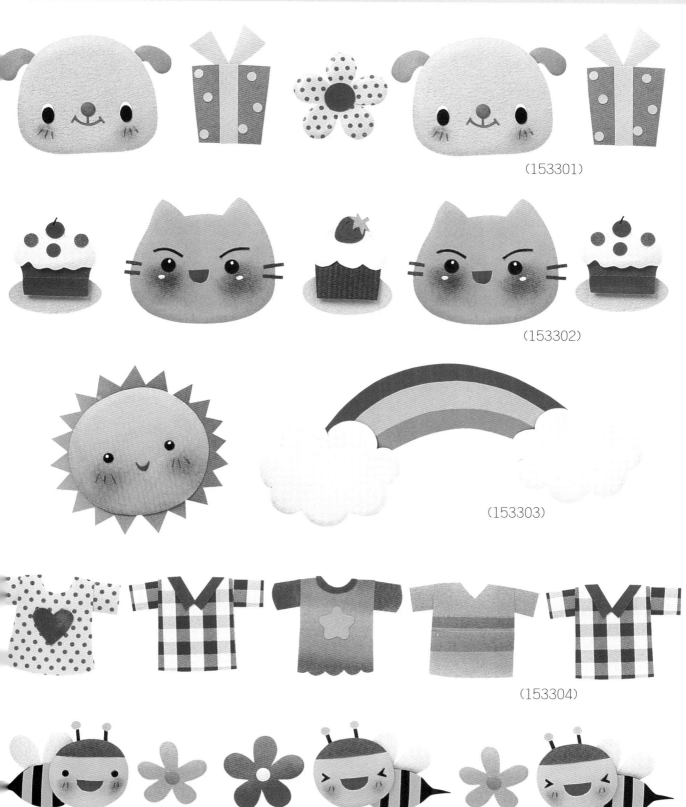

(153301)

(153302)

(153303)

(153304)

(153305)

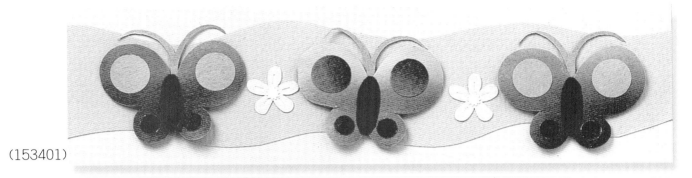

（153401）

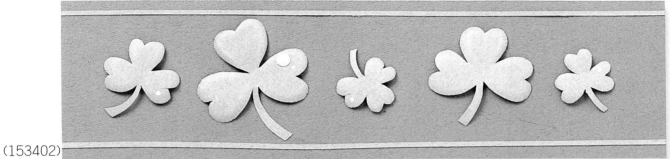

（153402）

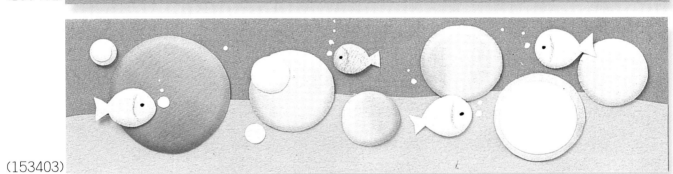

（153403）

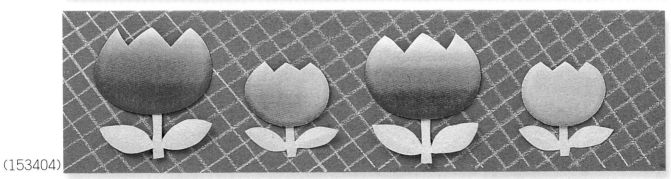

（153404）

（153405）

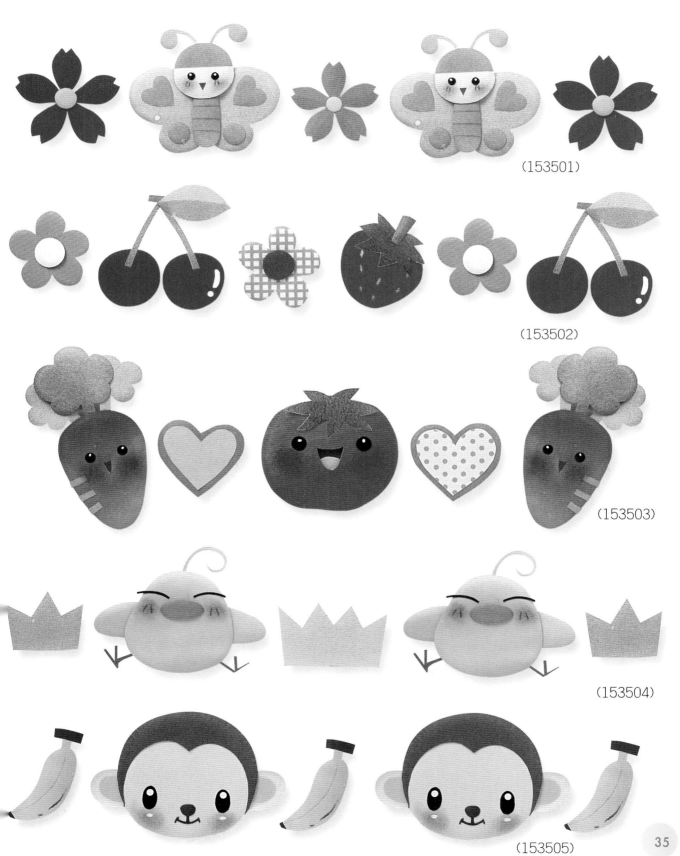

(153501)

(153502)

(153503)

(153504)

(153505)

35

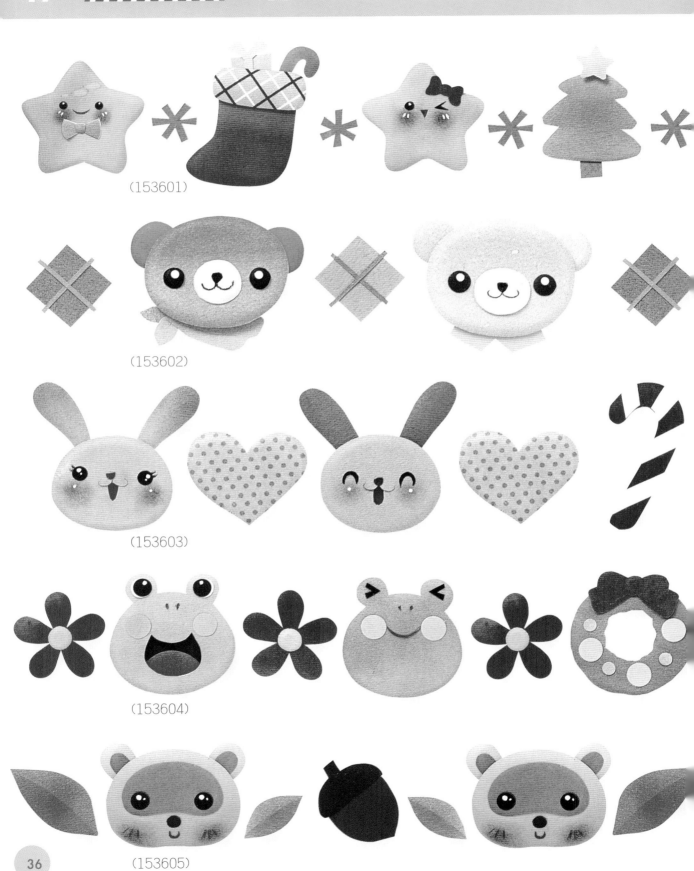

(153601)

(153602)

(153603)

(153604)

(153605)

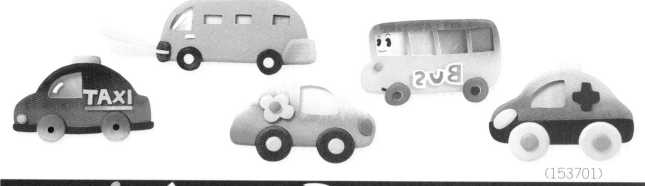

(153701)

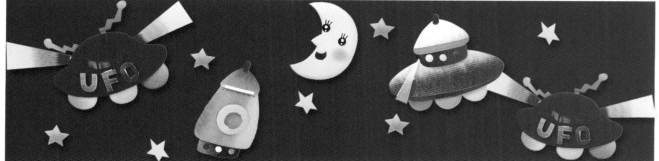

(153702)

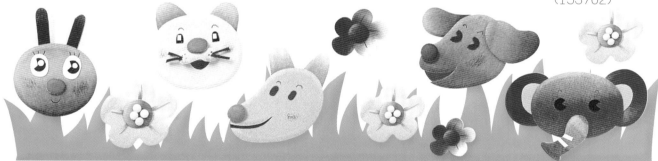

(153703)

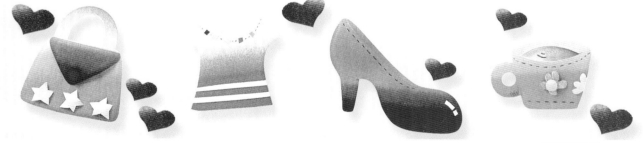

(153704)

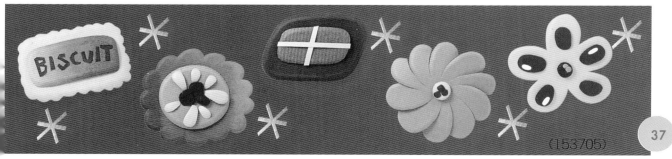

(153705)

37

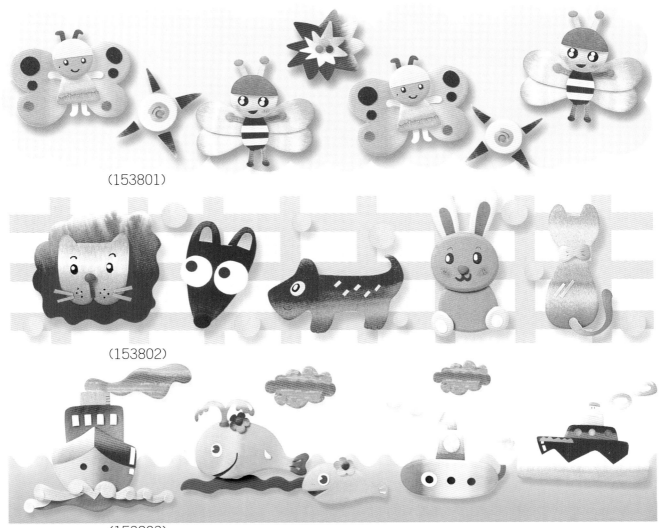

(153801)

(153802)

(153803)

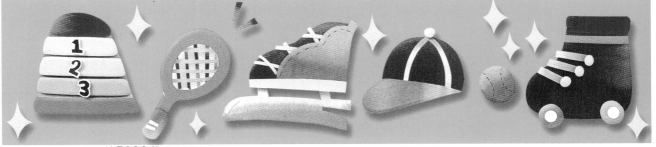

(153804)

38

(153805)

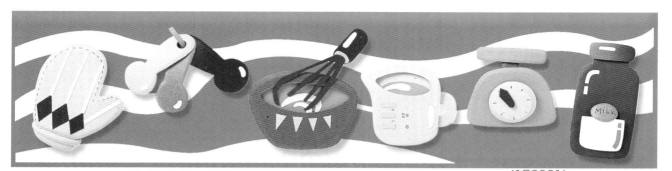

(153901)

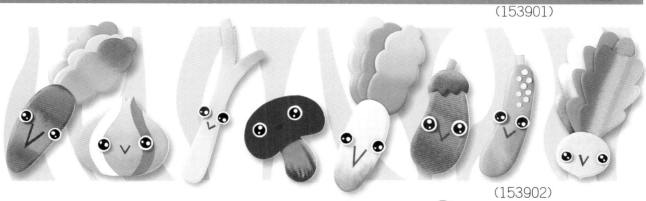

(153902)

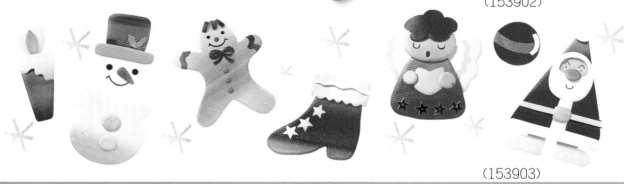

(153903)

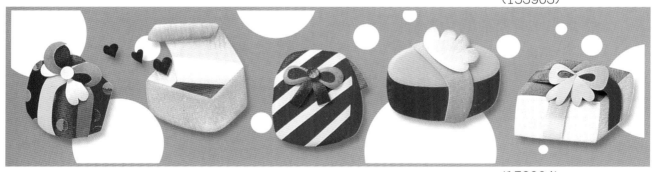

(153904)

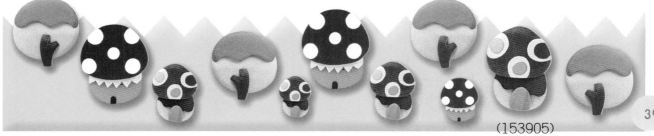

39

(153905)

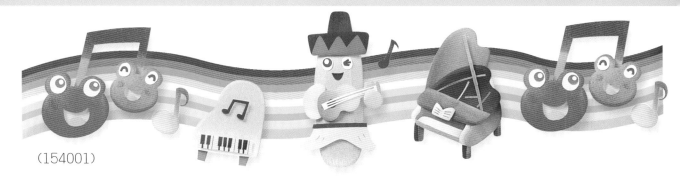

(154001)

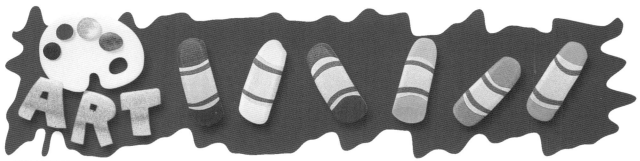

(154002)

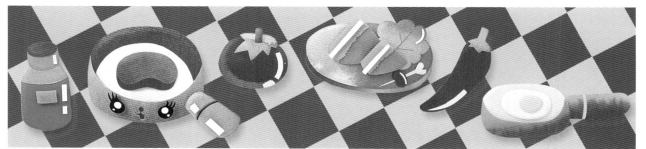

(154003)

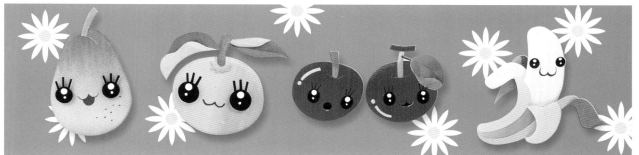

(154004)

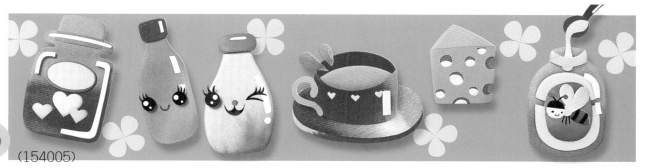

(154005)

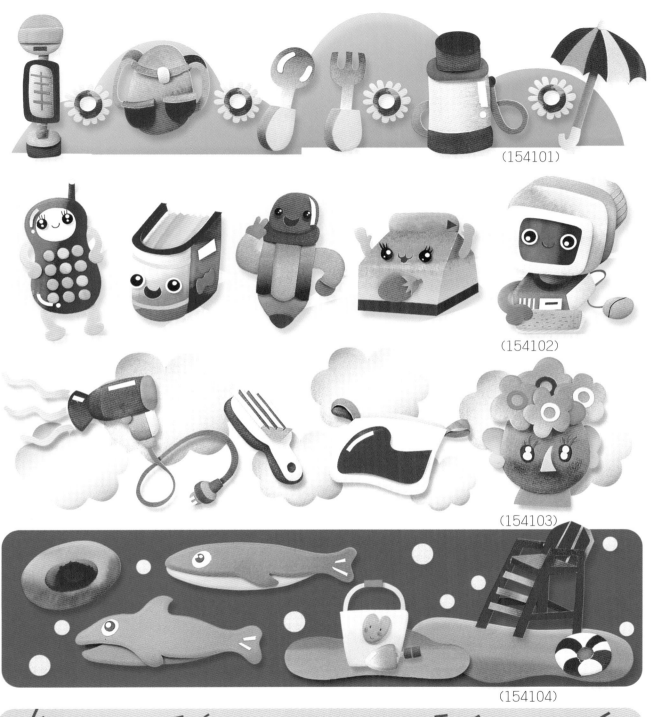

(154101)

(154102)

(154103)

(154104)

(154105)

41

154201)

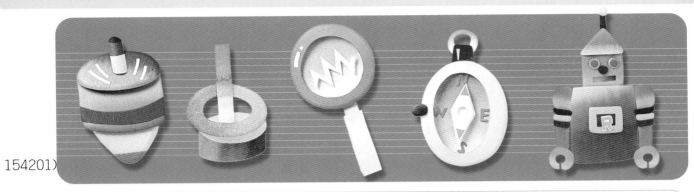

154202)

154203)

154204)

154205)

Ma,I love you

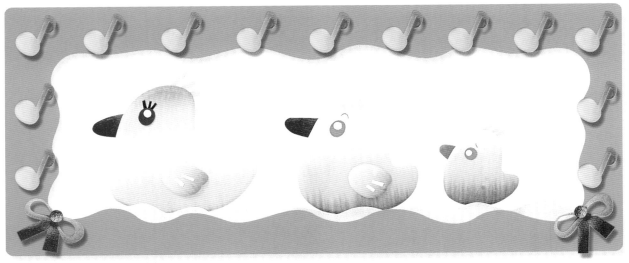

(154301)

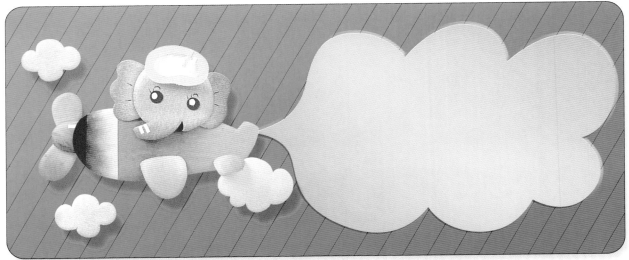

(154302)

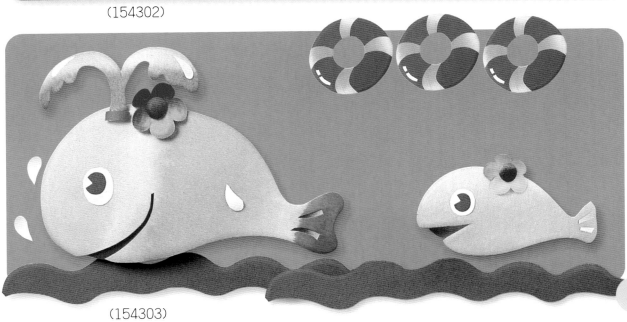

(154303)

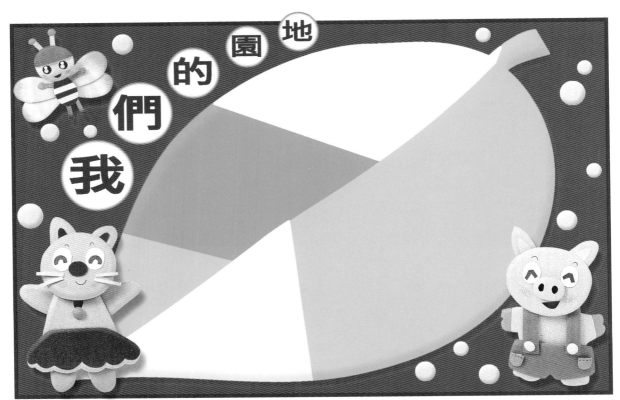

(154601)

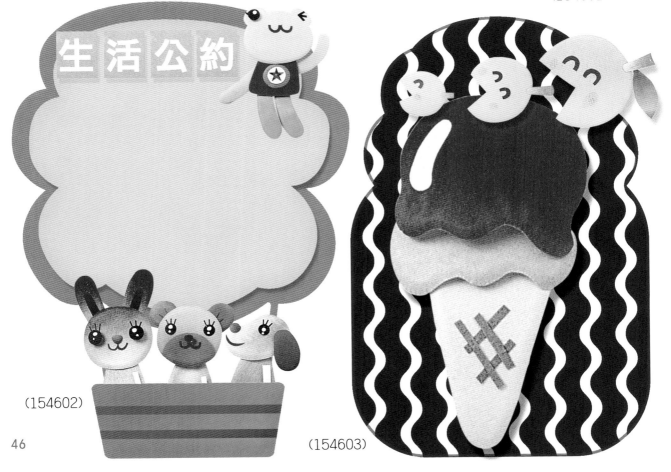

(154602)

(154603)

歡樂迎新會 PARTY

(154701)

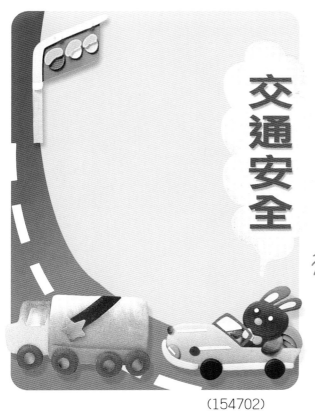

交通安全

(154702)

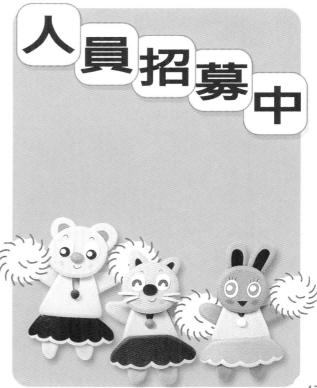

人員招募中

(154703)

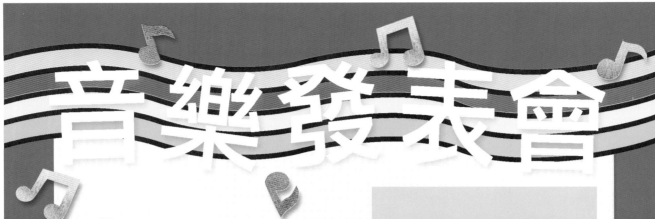

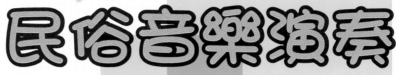

民俗音樂演奏

指導老師/陳明彰老師
時間/2004年10月31日
地點/市民活動中心禮堂

● 快樂的民俗藝曲，
伴隨著我們恣意的飛揚

● 年度音樂發表
歡迎您一同蒞臨～
這個音樂的國度

桑尼音樂教室

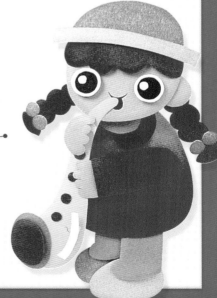

(154801)

新春特別活動

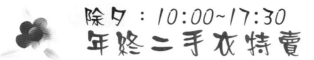

除夕：10:00~17:30
年終二手衣特賣

初二：13:30~17:30
魔術表演秀

初三：13:30~17:30
國際標準舞表演

初四：13:30
show time

初五：13:30
美食饗宴

地點/
市民廣場

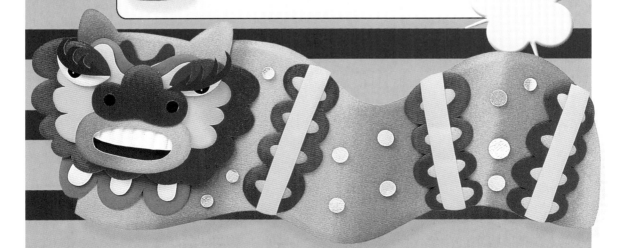

(154901)

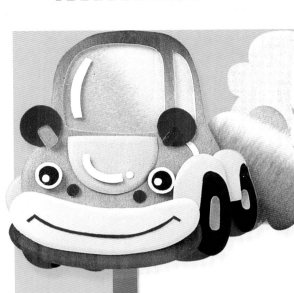

交通安全

◈ 教官室 ◈

教官室提醒您：

為了您和您的家人，

騎機車請戴上安全帽，

駕駛汽車上路請繫上安全帶，

以確保您的交通安全，

同時免得家人擔心～

交通大執法-保障你我他。

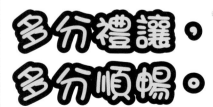 多分禮讓，
多分順暢。

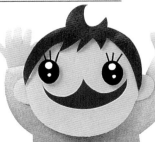

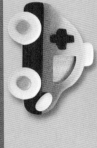

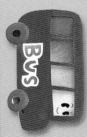

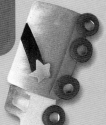

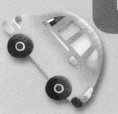

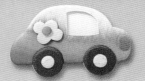

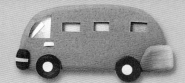

(155001)

電腦研習

- ♥ 網際網路研習
- ♥ 線上遊戲動畫
- ♥ 網路法規講座
- ♥ 網頁設計概論
- ♥ 電腦硬體配備解析
- ♥ HOME PAGE 製作

～歡迎您的加入～

大家 e 起來

(155101)

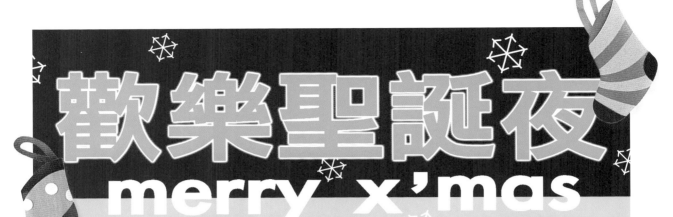

歡樂聖誕夜
merry x'mas

歡樂聖誕舞會

時間/2004/12/24
地點/學生活動中心
主辦/學生會

在繽紛的銀色世界裡，
讓我們歡欣鼓舞的
歡度這個熱鬧的夜，
開心的跳舞，
開心的歡唱，
有豐富的點心
和可口的飲料，
期待您的參與。
請各班代表至學生會領取報名表

Ma, 我愛您 ♥

＝祝天下媽媽母親節快樂＝

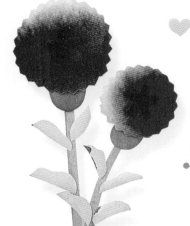

本校為了慶祝母親節，
特別舉辦親子園遊會，
歡迎各位同學邀請媽媽姊姊，
蒞臨本校參觀。

活動時間：11月12日
活動地點：桑妮亞幼稚園

(155301)

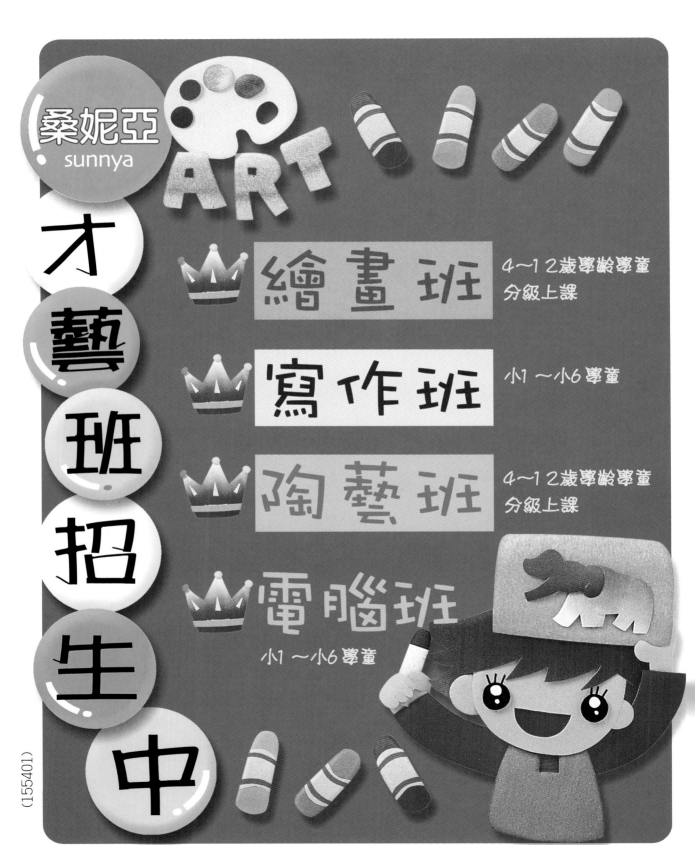

桑妮亞
sunnya

ART

才藝班招生中

♛ 繪畫班　4~12歲學齡學童
分級上課

♛ 寫作班　小1～小6學童

♛ 陶藝班　4~12歲學齡學童
分級上課

♛ 電腦班
小1～小6學童

桑尼卡雙語幼稚園
A·B·C·A·B·C·A·B

邁入國際化的現代,

美語是重要的語言,

讓孩子提早接觸,

跑在最前面~

作家長的可不要忽略了,

本校採外籍師資,

歡迎參觀比較。

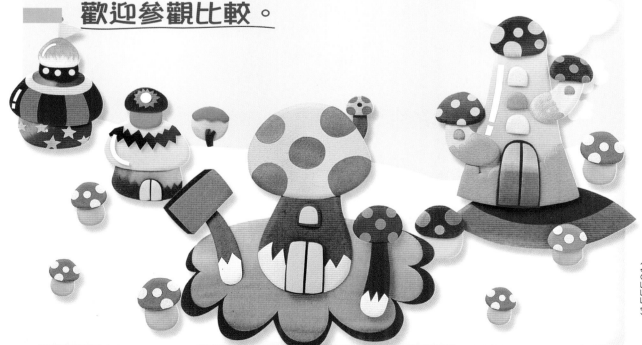

(155501)

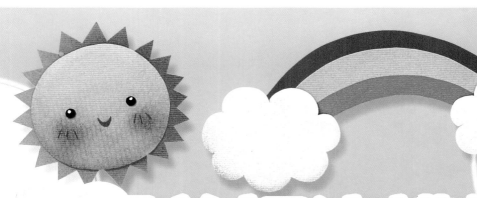

尼爾美語演講比賽

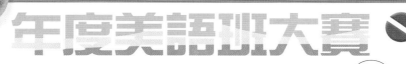

年度美語班大賽

日期/2004/12/24

時間/晚上7點整開始

地點/尼爾大樓文藝廳

歡迎小朋友們與爸比媽咪一同前往參觀指教，

現場提供點心飲料，請不吝賜教～

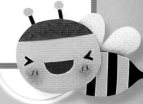
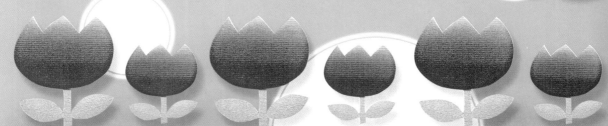

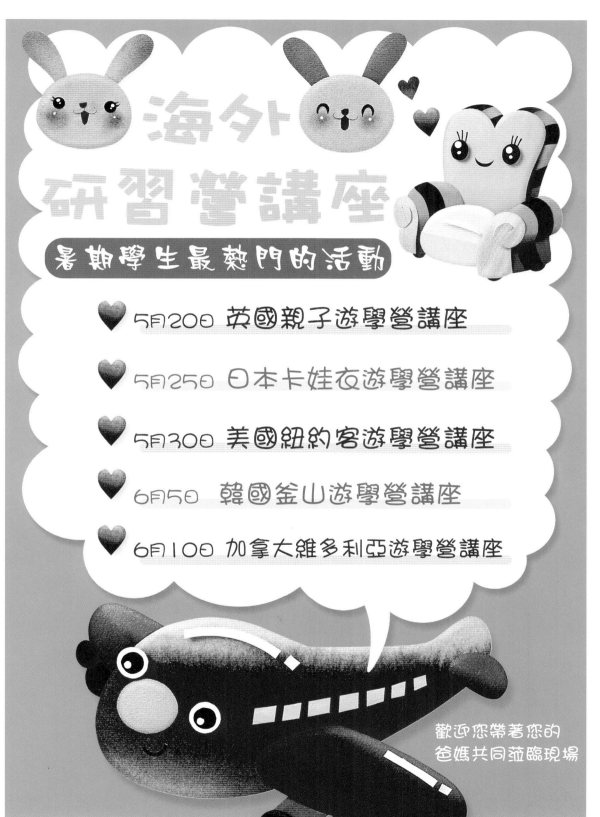

海外研習營講座

暑期學生最熱門的活動

♥ 5月20日 英國親子遊學營講座

♥ 5月25日 日本卡娃衣遊學營講座

♥ 5月30日 美國紐約客遊學營講座

♥ 6月5日 韓國釜山遊學營講座

♥ 6月10日 加拿大維多利亞遊學營講座

歡迎您帶著您的
爸媽共同蒞臨現場

(155701)

歡送畢業生

◉內心的捨不得，

襯托出離別的呢喃，

輕輕說句珍重再見，

讓美麗的回憶，

常在你我心中～祝福你

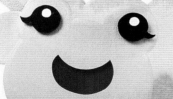
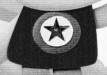

典禮地點/本園大禮堂

時間/6月15日

桑尼卡幼稚園

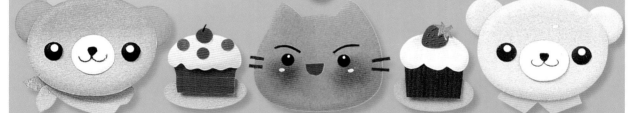

Are you ready?
各位小朋友，你準備好了沒～

迎 新 活 動

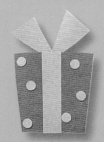

時間/9月25日

地點/尼爾大樓文藝廳

尼爾幼兒學校

(155901)

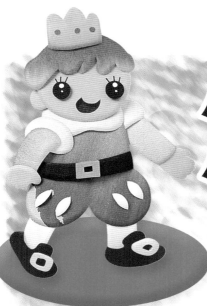

小兒童劇團

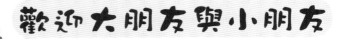

歡迎大朋友與小朋友

劇名/史瑞 咳..咳..咳

時間/10月12日～15日

地點/實驗劇場

主演單位/兒童劇團

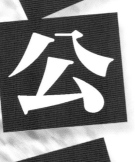
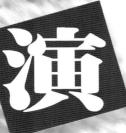

年度公演

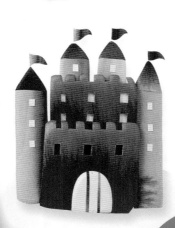
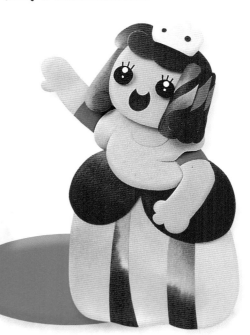

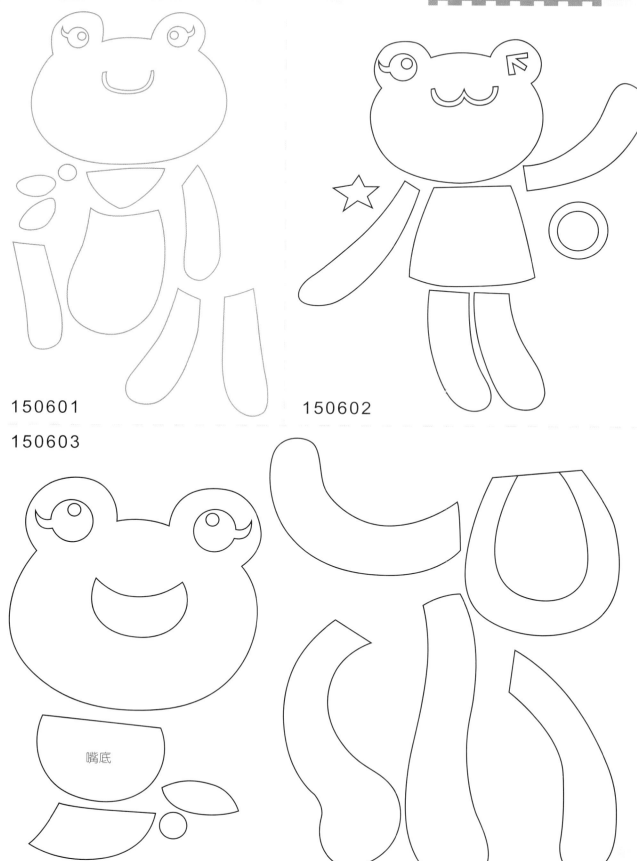

150601

150602

150603

嘴底

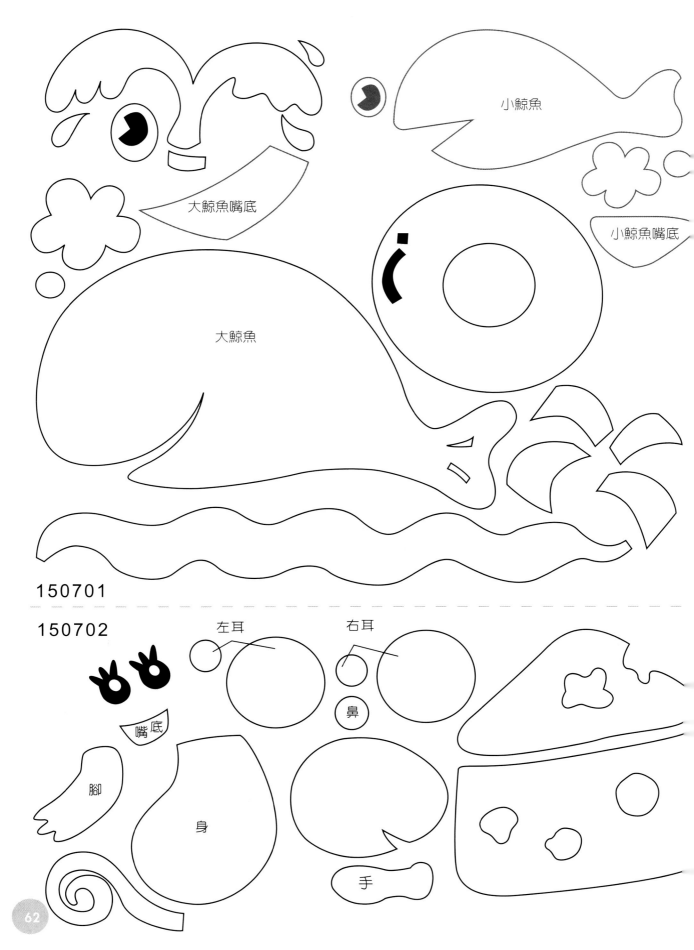

小鯨魚

大鯨魚嘴底

小鯨魚嘴底

大鯨魚

150701

150702

左耳　右耳

鼻

嘴底

腳

身

手

62

150703

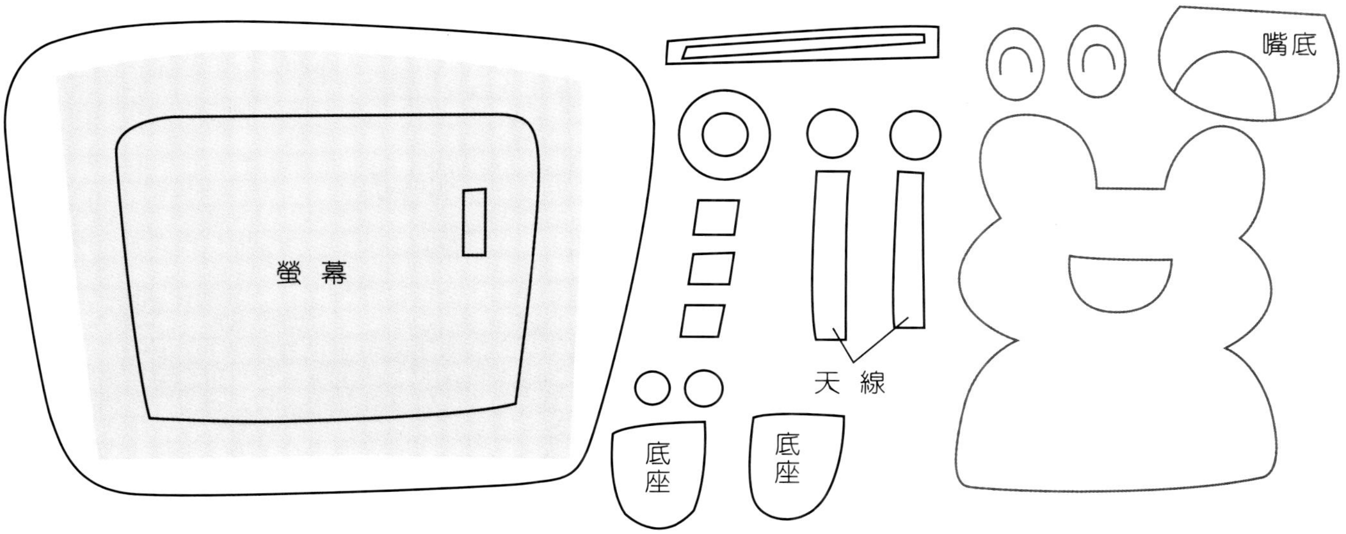

螢幕

天線

底座

底座

嘴底

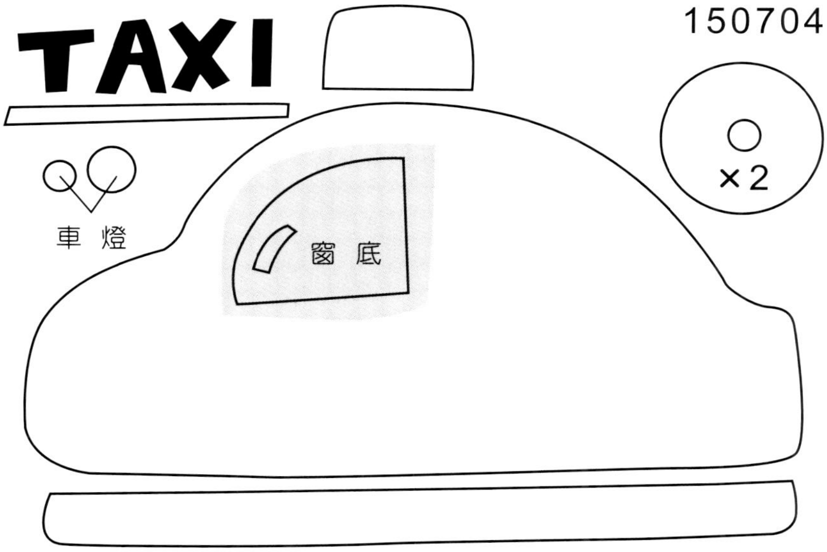

TAXI

車燈

窗底

×2

150704

150705

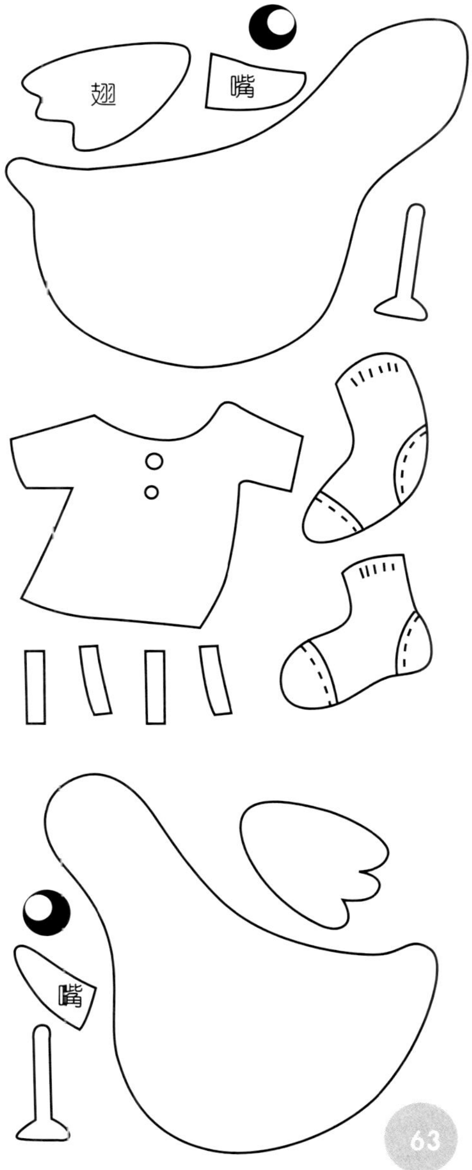

翅

嘴

150706

R

鼻

嘴底

嘴

63

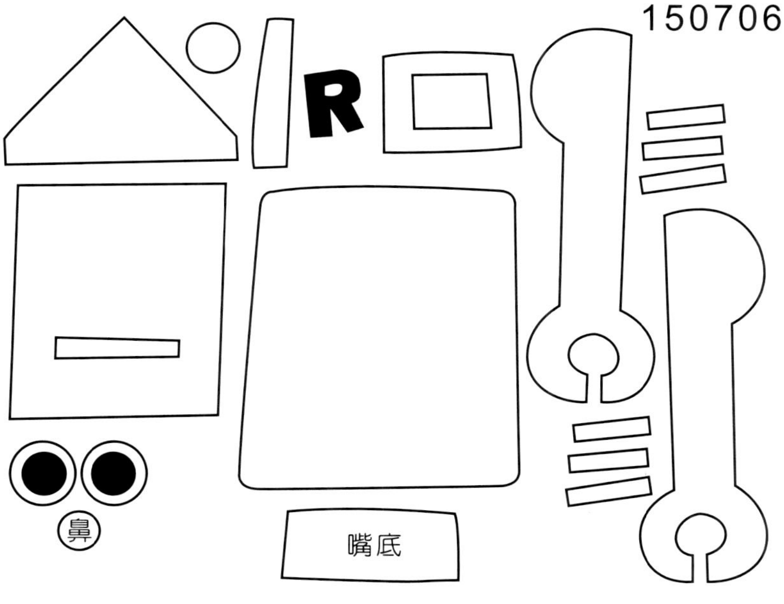

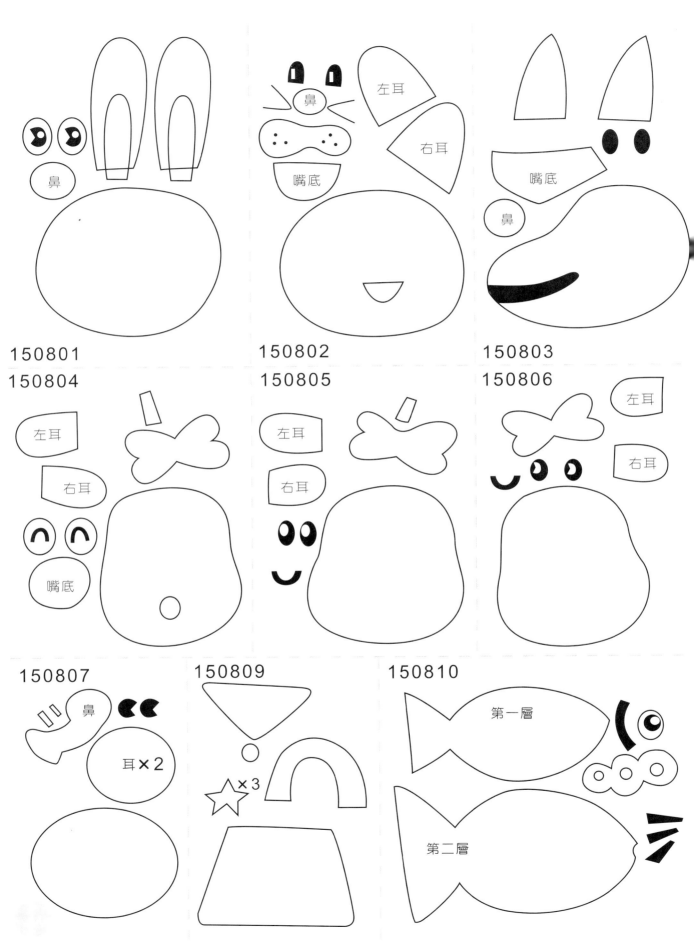

150801

150802

150803

150804

150805

150806

左耳

右耳

嘴底

鼻

左耳

右耳

左耳

右耳

150807

150809

150810

鼻

耳×2

×3

第一層

第二層

150812

150813 ○ ×4   ╱ ×4

150814

耳 耳 嘴底

150901 耳 耳 鼻 嘴底

150902 耳 耳 嘴底

150903

150904

150905

150906 ×4

150907

150908

150909

150910

150911 ×5鞋帶

150912

151001

螢光幕

○×5

151002

151003

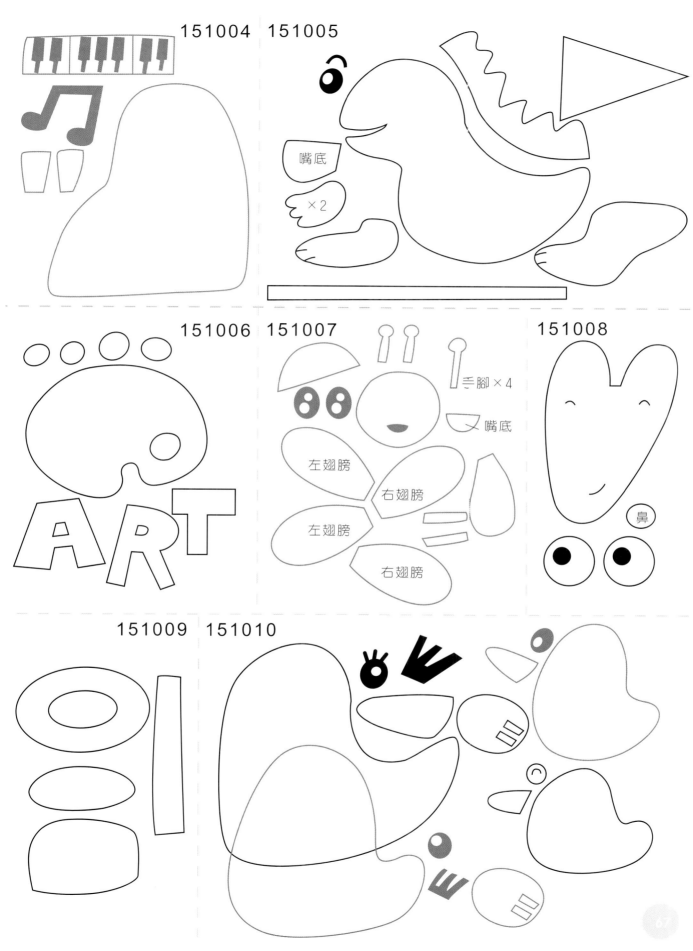

151004 151005

151006 151007 151008

嘴底

×2

手腳×4

嘴底

左翅膀

右翅膀

左翅膀

右翅膀

ART

鼻

151009 151010

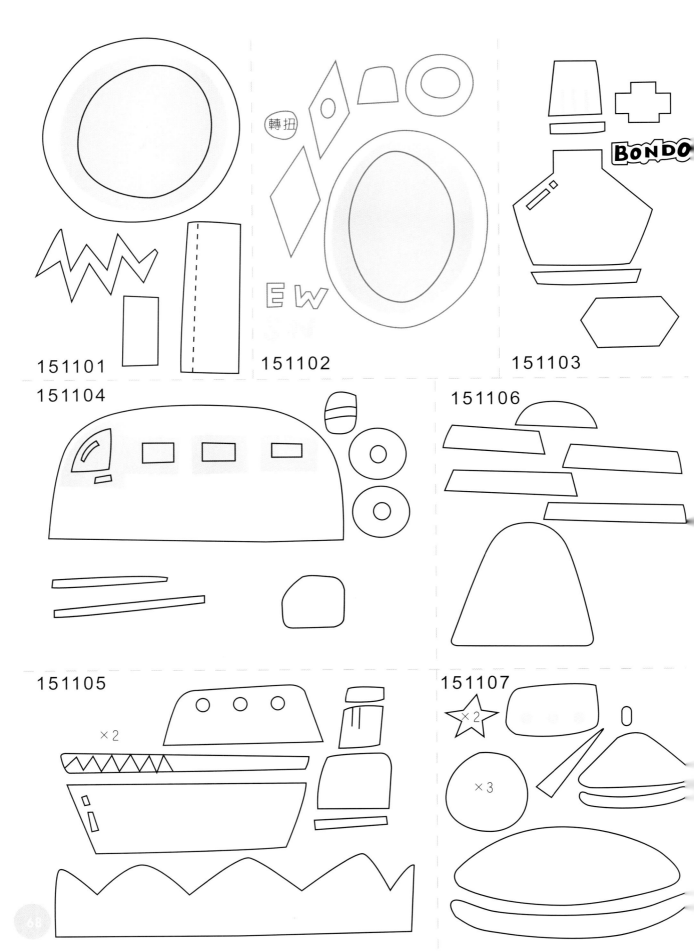

151101

151102

151103

BONDO

151104

151106

151105

×2

151107

×2

×3

68

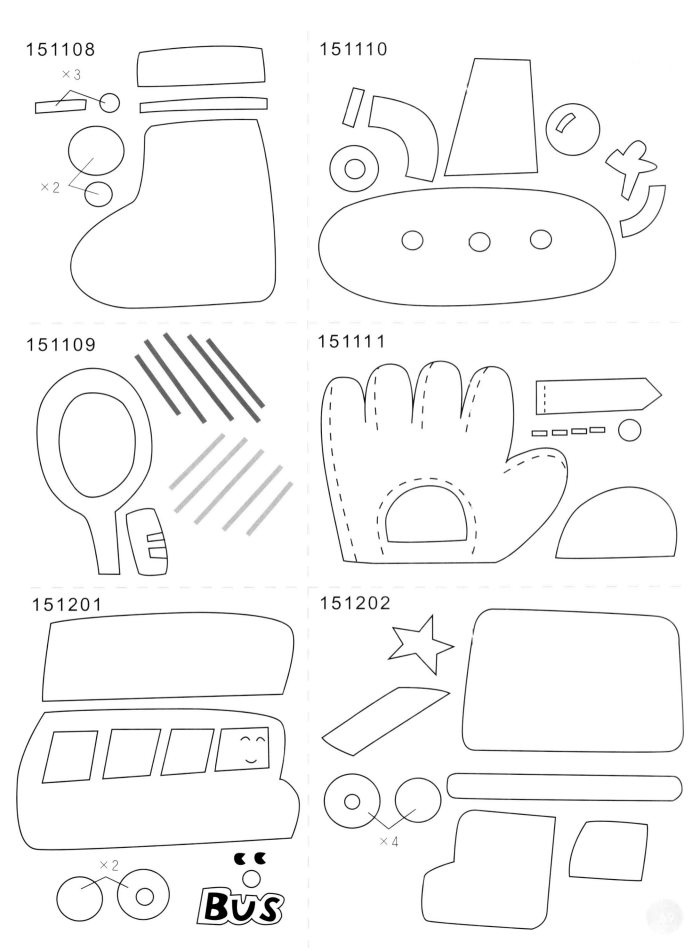

151108

×3

×2

151110

151109

151111

151201

BUS

×2

151202

×4

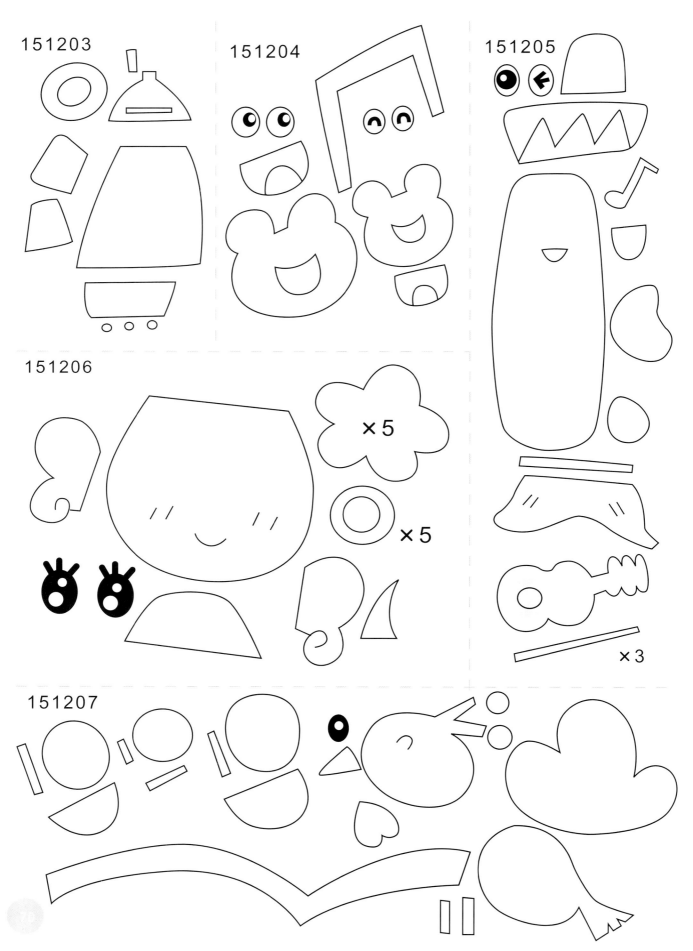

151203

151204

151205

151206

×5

×5

×3

151207

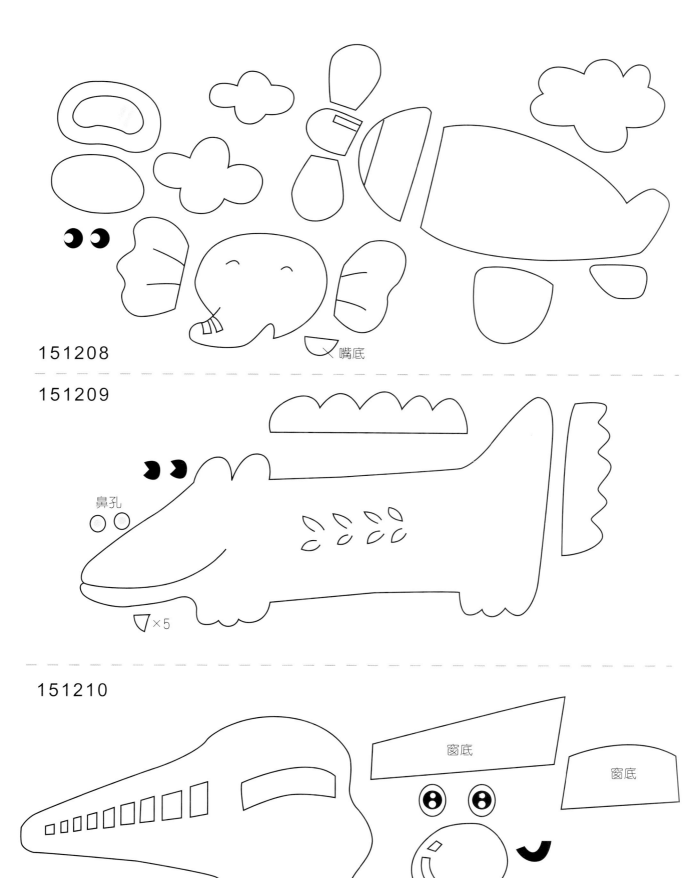

151208

151209

鼻孔

×5

嘴底

151210

窗底

窗底

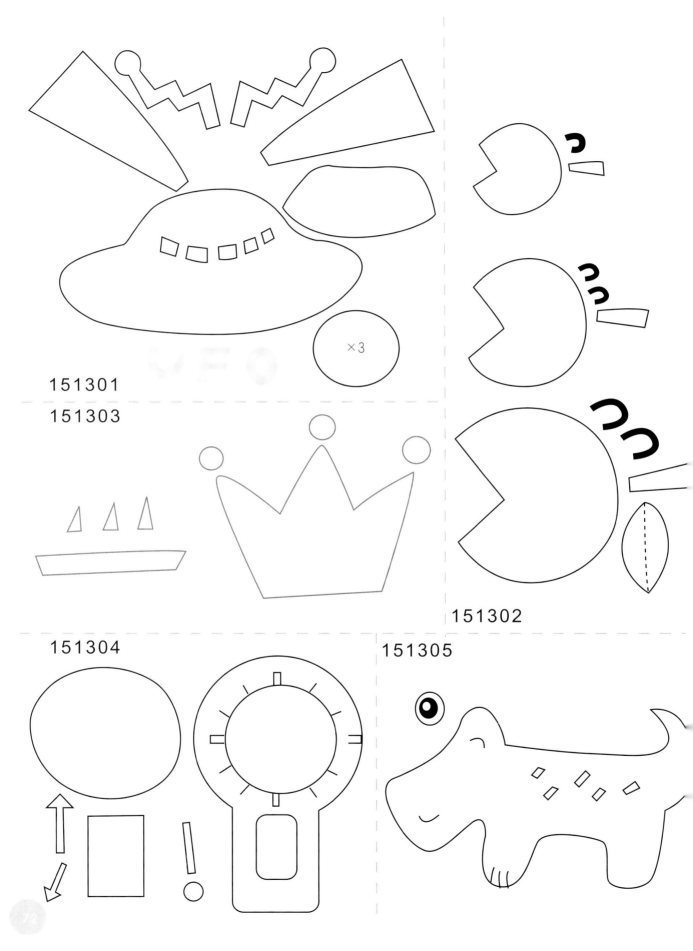

151301

151303

151302

151304

151305

151306

BISCUIT

碗底

151307
151308 ×3

151309 ×3 ×4

151310 D 花邊×8

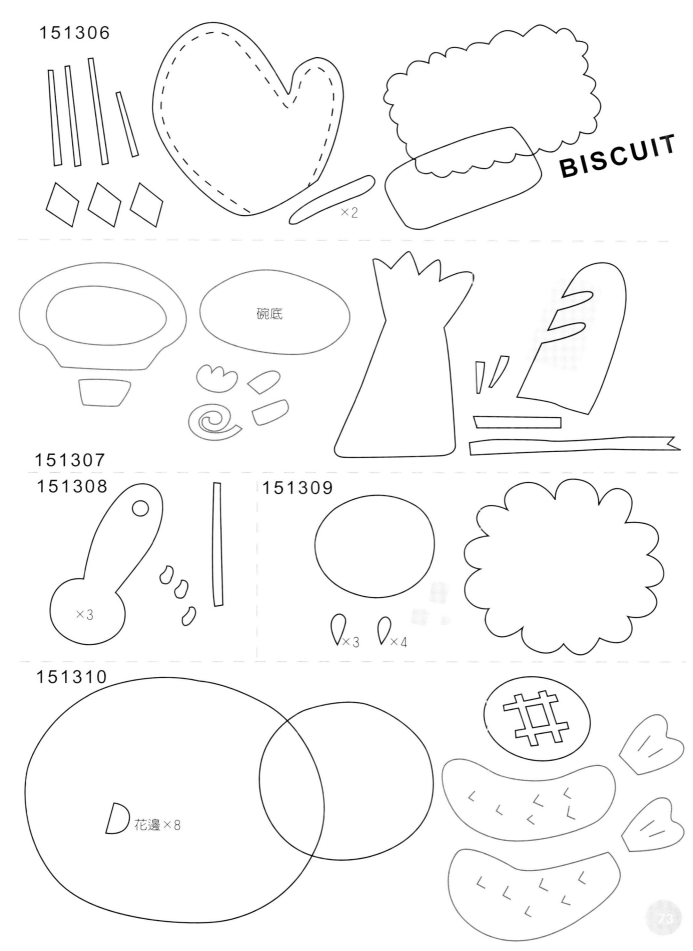

73

151401

151402

第一層

第二層

151403

151404

151405

×2

151407

151406

碗底

×5

151408

蛋黃

蛋白

×2

151409

151410

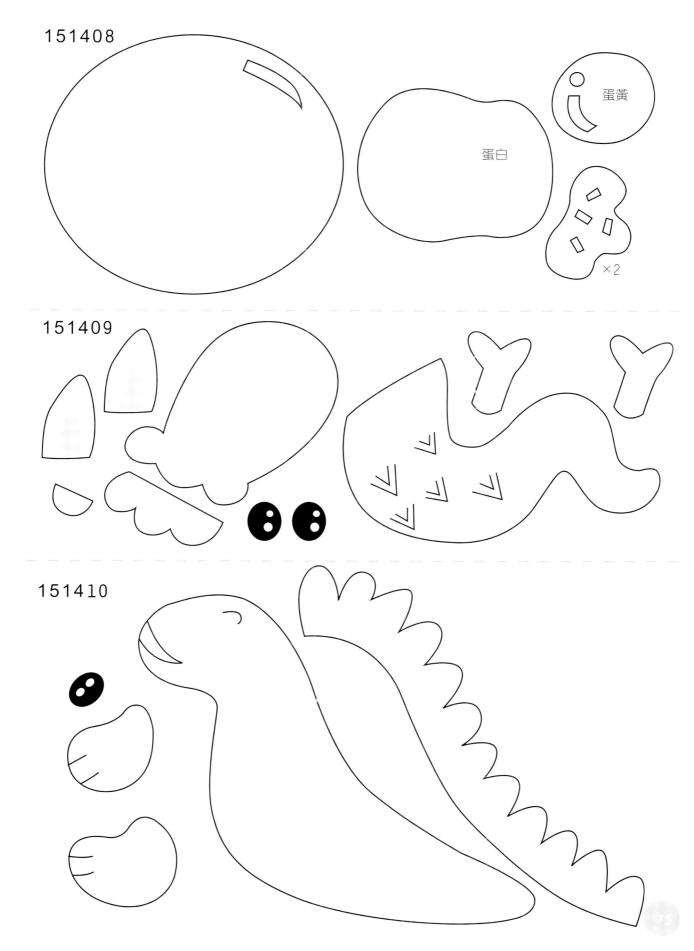

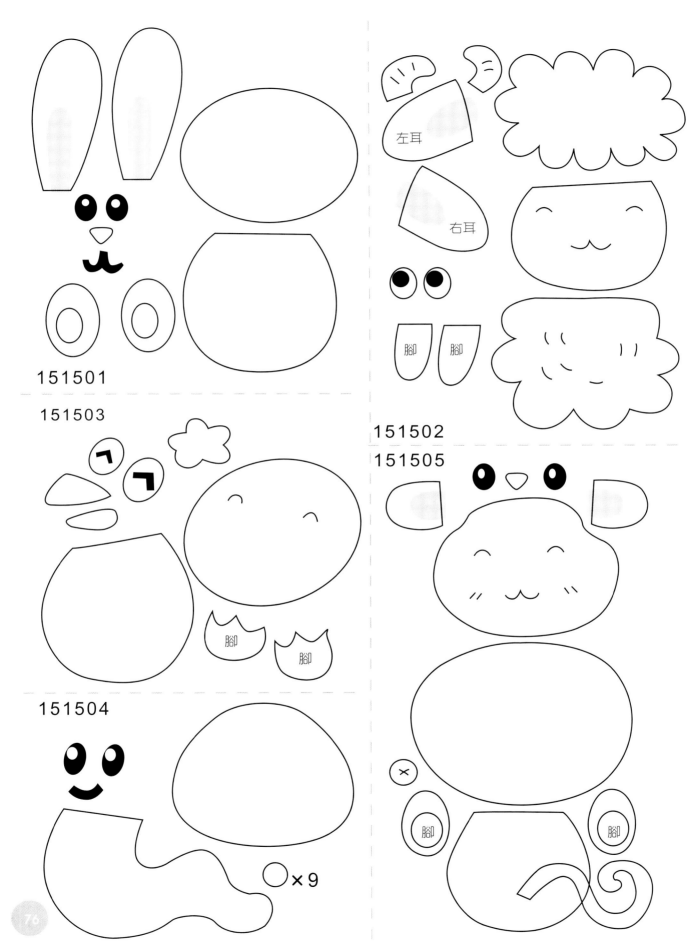

151501

151503

151502

151505

151504

左耳

右耳

脚 脚

脚 脚

×9

脚 脚

×

76

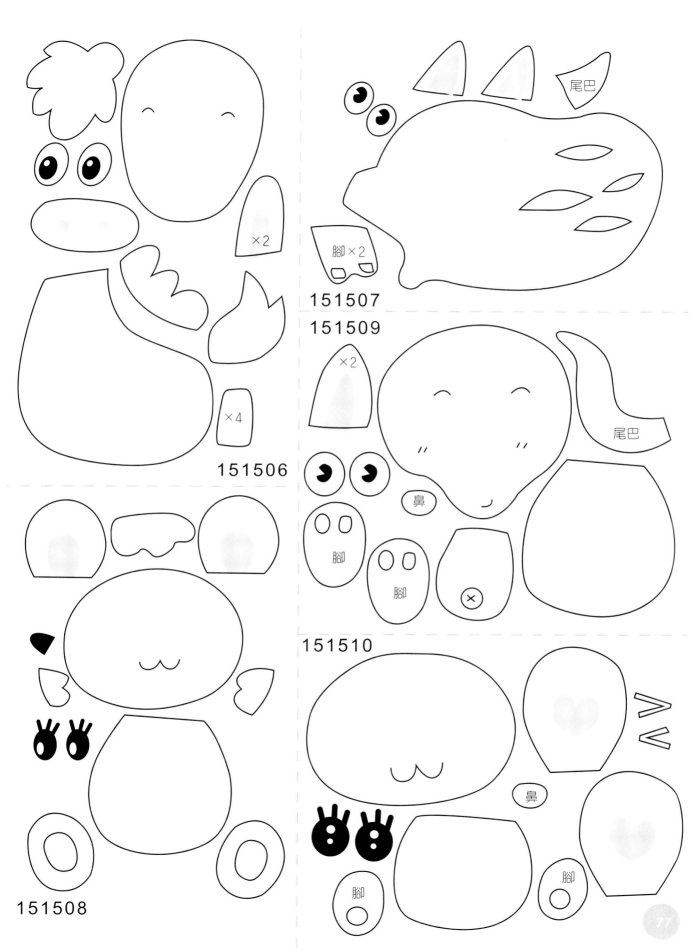

151507

151509

151506

151508

151510

尾巴

腳×2

×2

×4

×2

尾巴

鼻

腳

腳

×

鼻

腳

腳

77

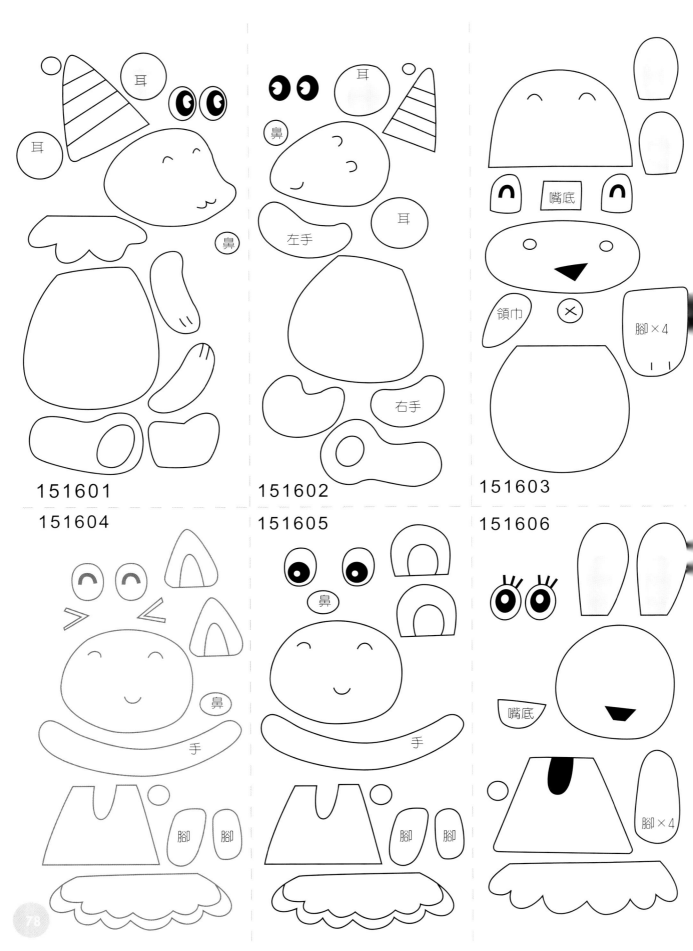

151601

151602

151603

151604

151605

151606

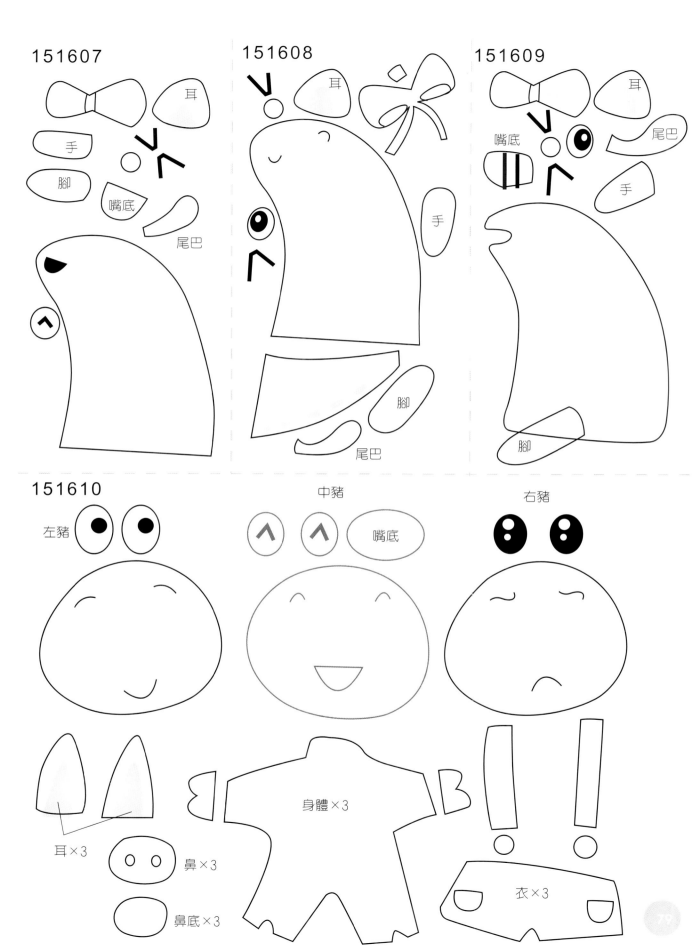

151607

耳
手
腳
嘴底
尾巴

151608

耳
手
腳
尾巴

151609

耳
尾巴
嘴底
手
腳

151610

左豬
中豬
右豬
嘴底

耳×3
鼻×3
鼻底×3
身體×3
衣×3

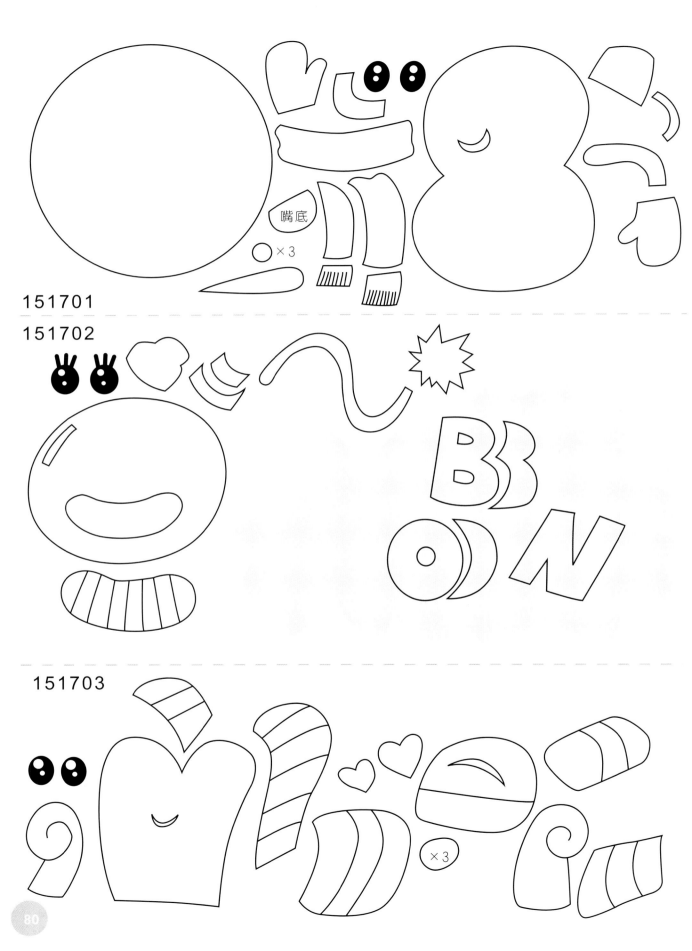

151701

151702

151703

嘴底

×3

B B
O N

×3

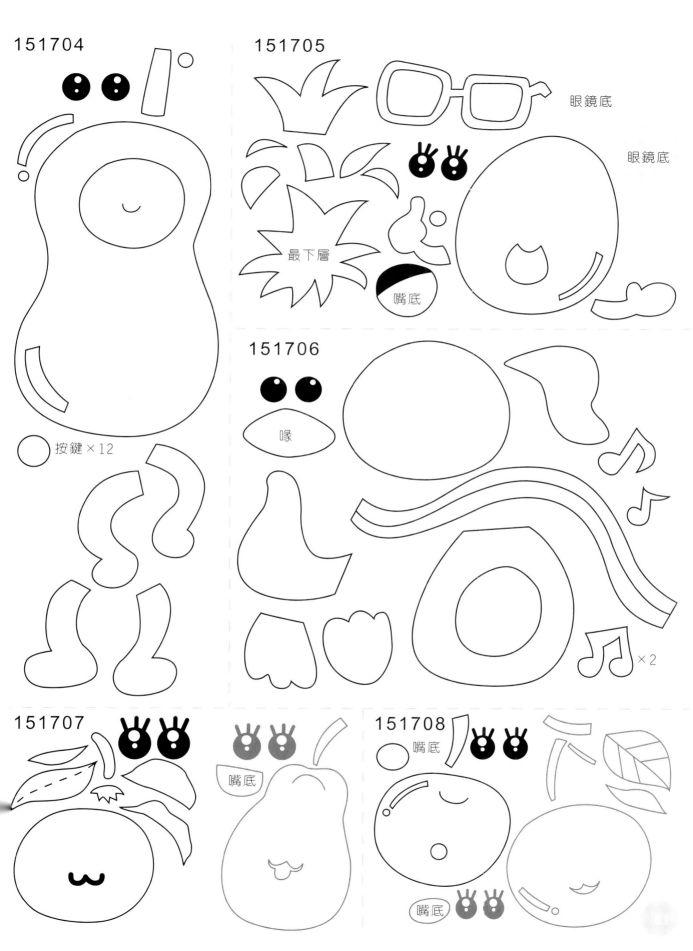

151704

151705 眼鏡底 眼鏡底 最下層 嘴底

按鍵×12

151706 喙

×2

151707 嘴底

151708 嘴底 嘴底

151801

151803

151802

151808

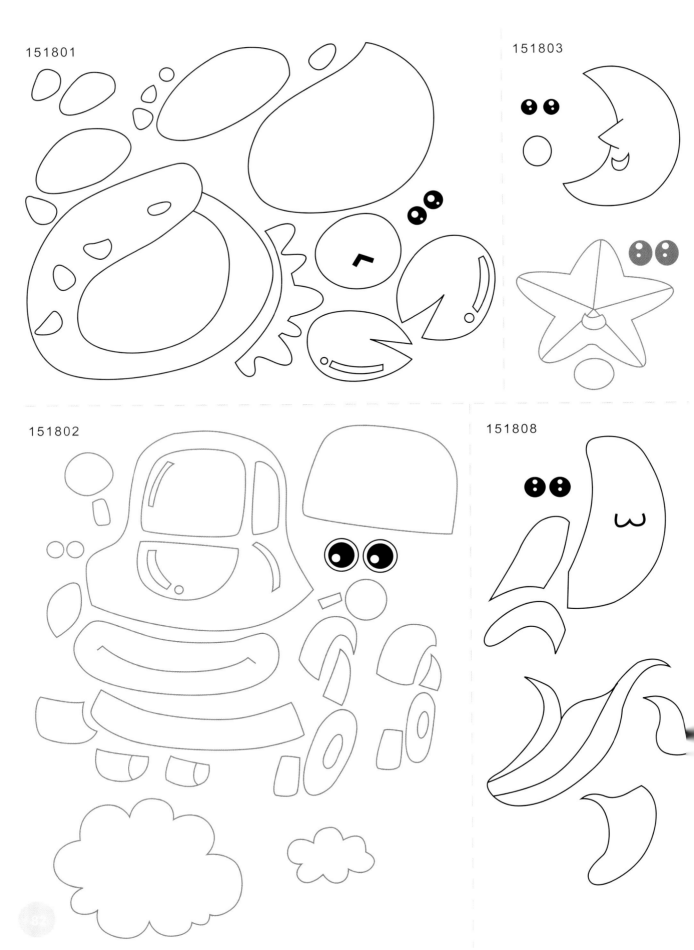

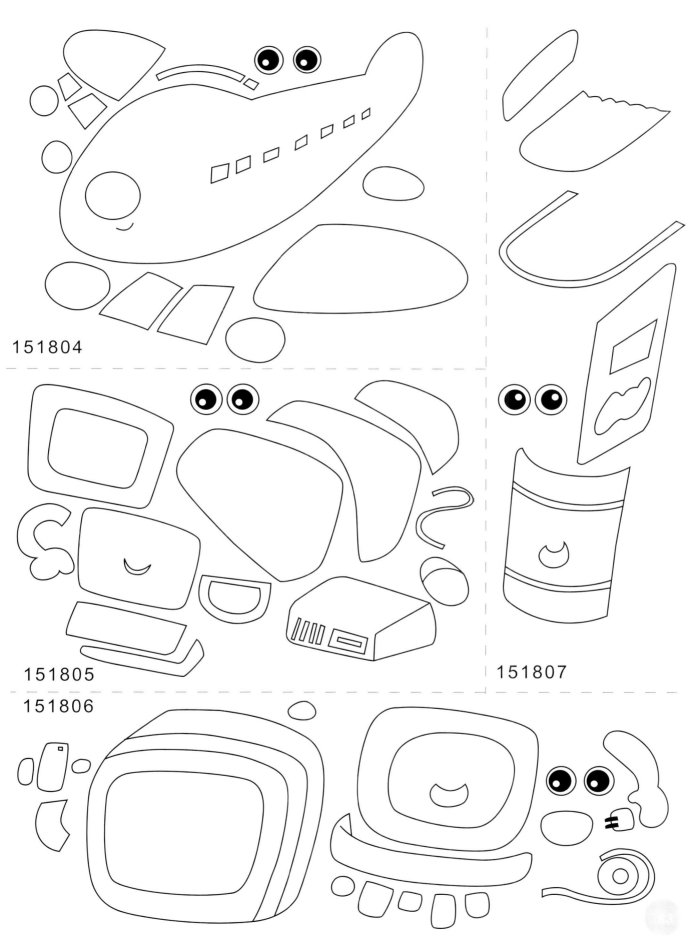

151804

151805

151806

151807

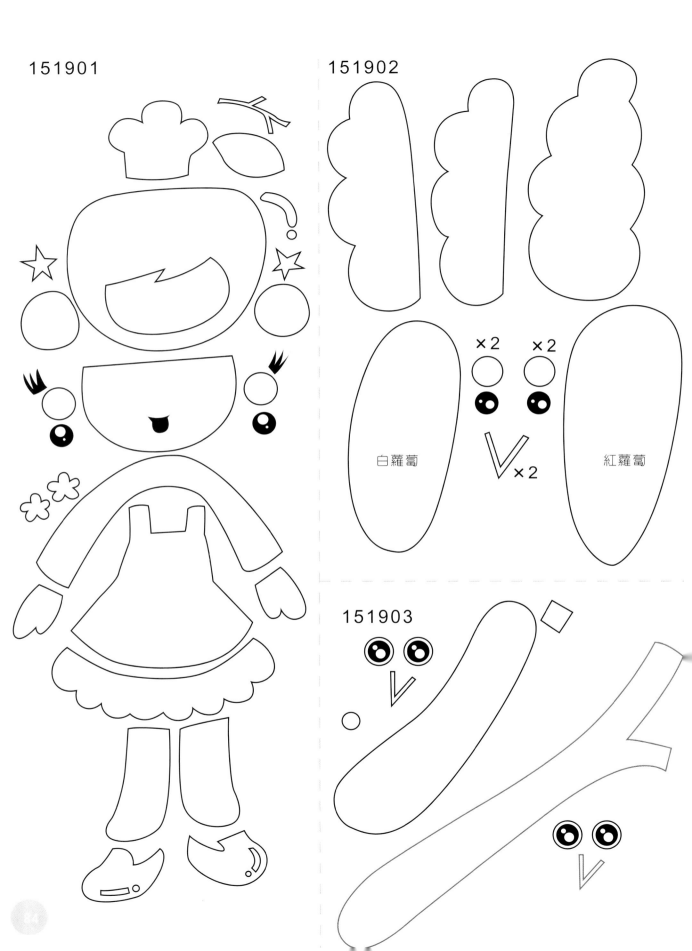

151901

151902

白蘿蔔　　　紅蘿蔔

×2　×2

×2

151903

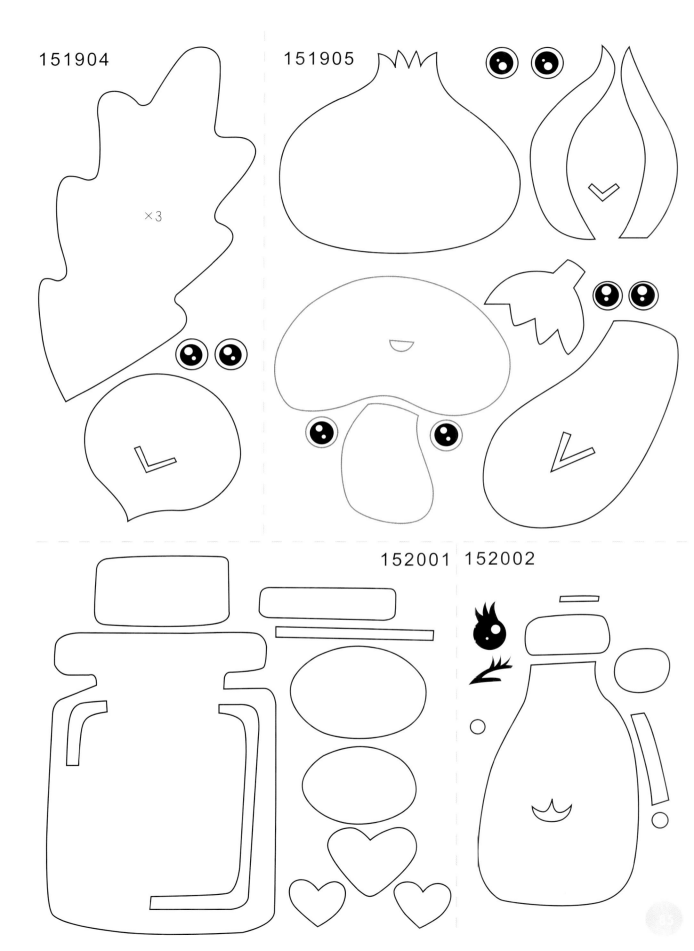

151904

151905

152001 152002

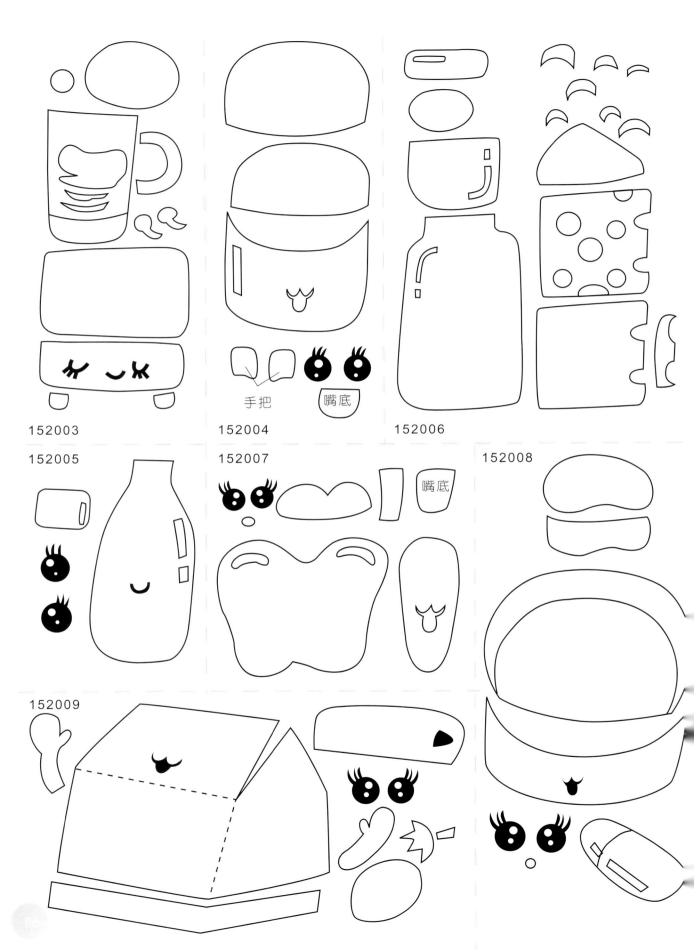

152003

152004

手把　嘴底

152006

152005

152007

嘴底

152008

152009

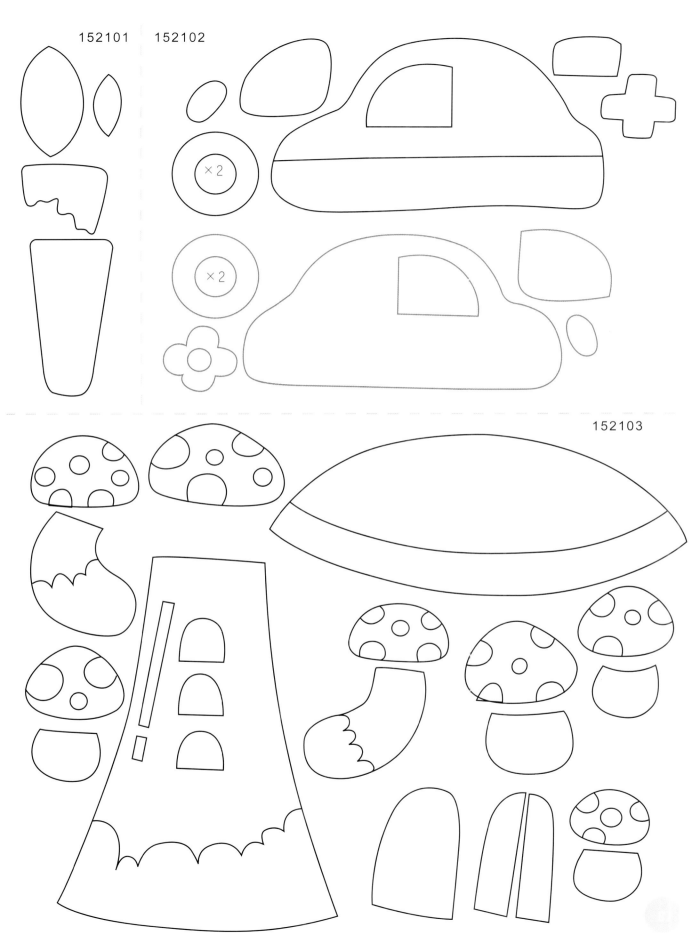

152101 152102

152103

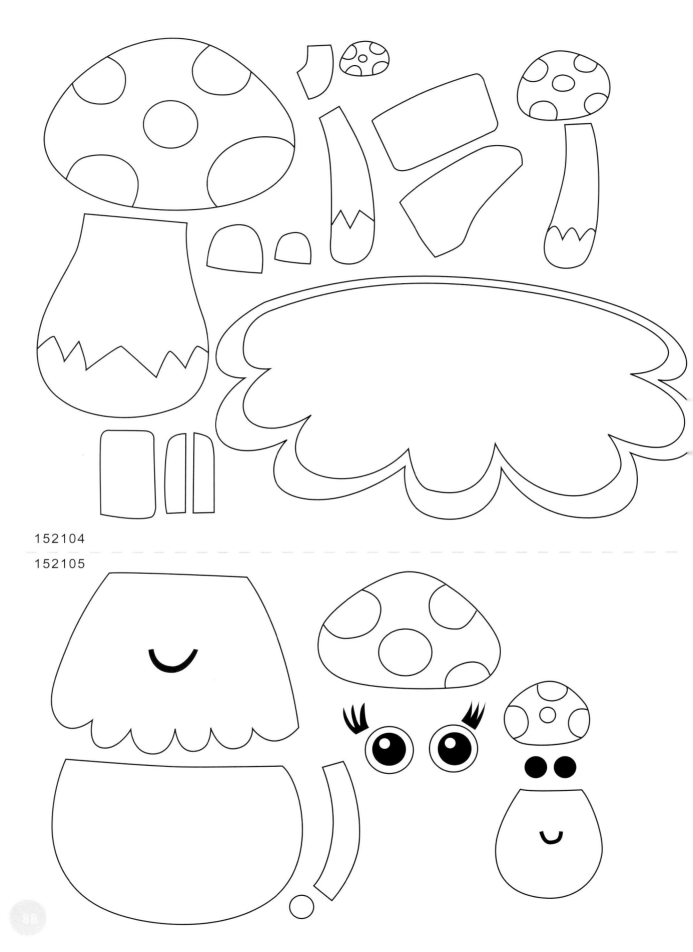

152104

152105

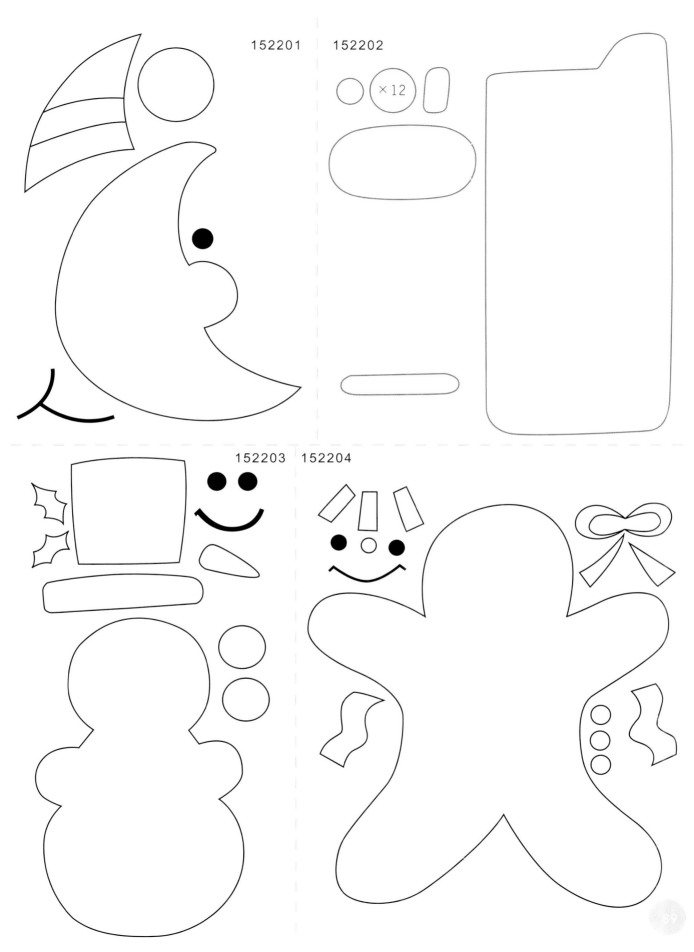

152201 152202

152203 152204

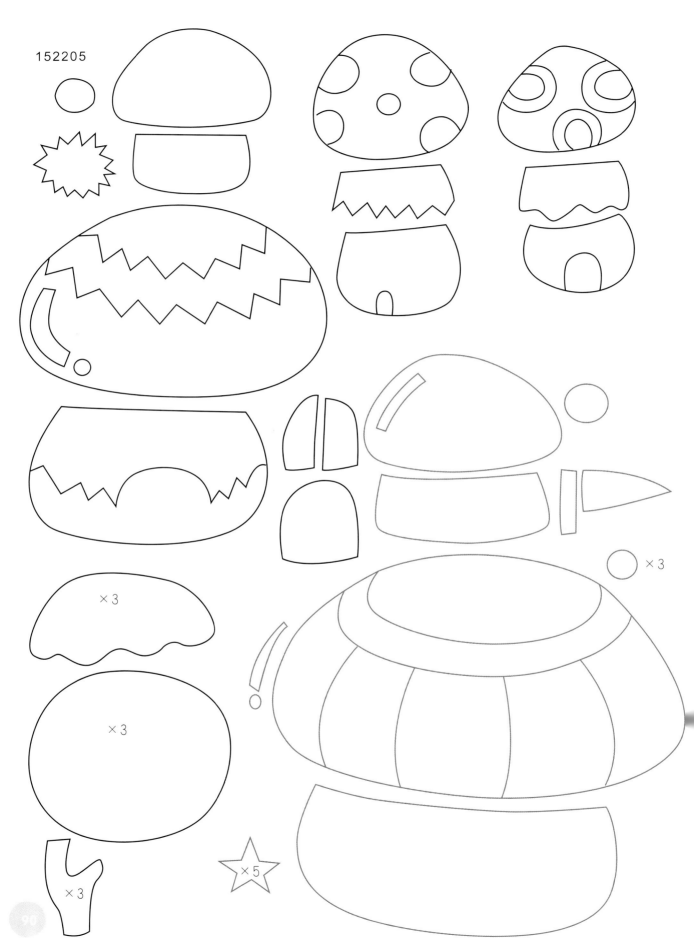

152205

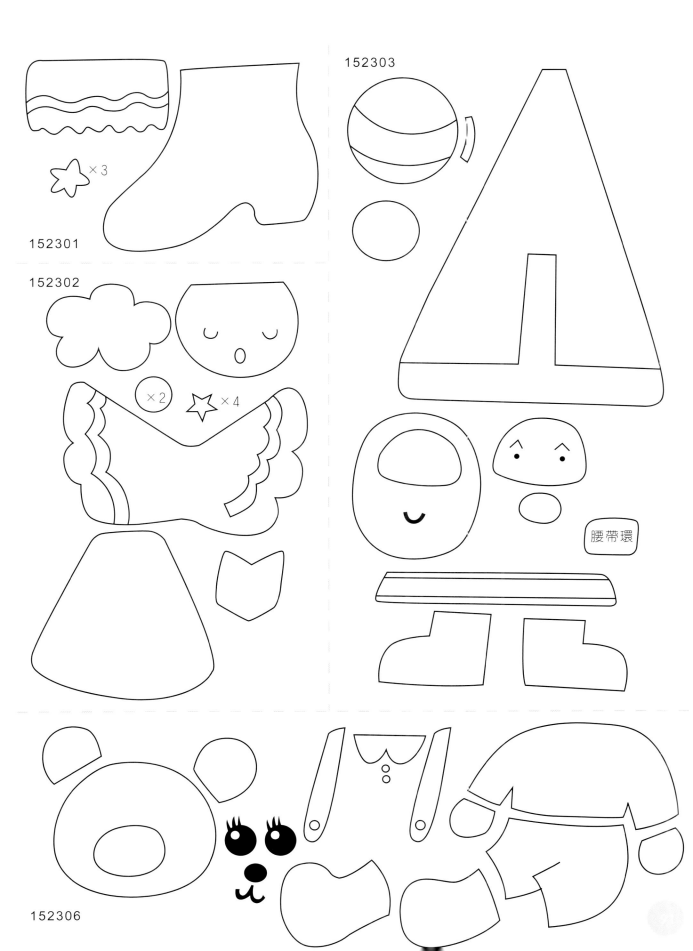

152303

152301

152302

×3

×2 ×4

腰帶環

152306

152304

152305

152307

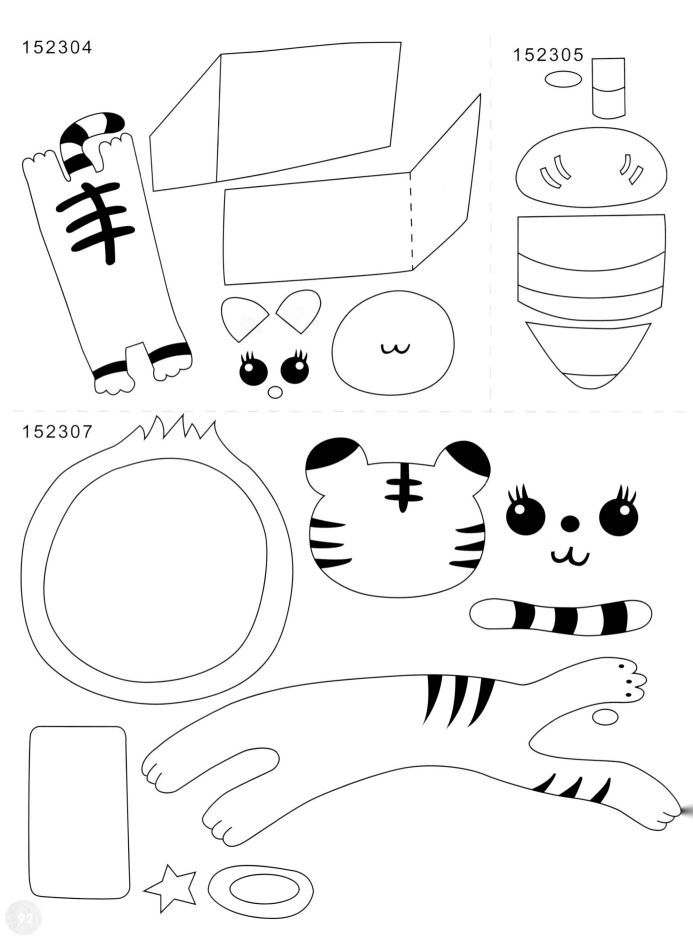

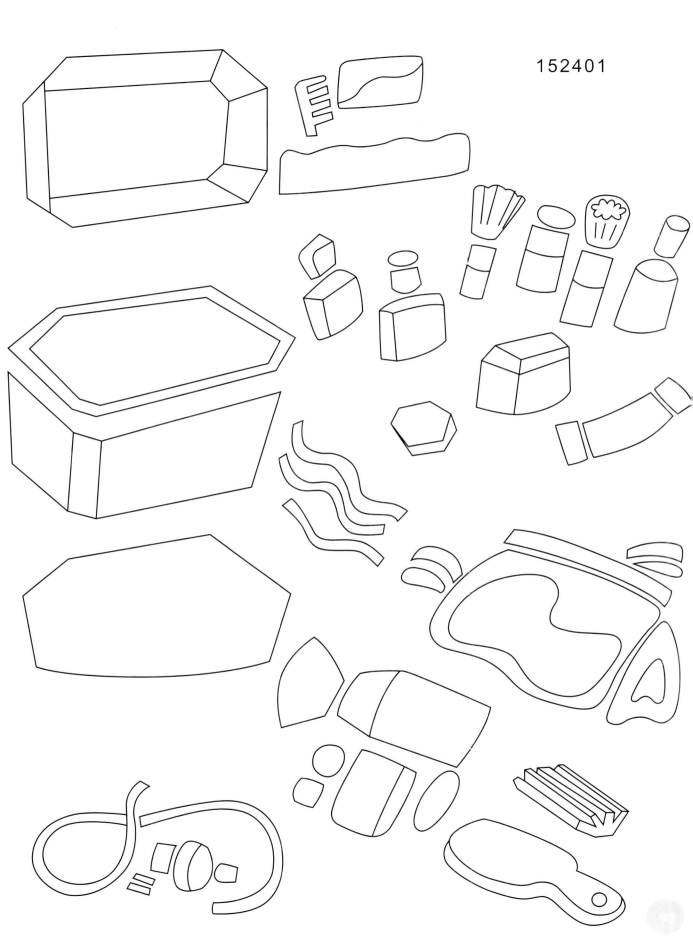

152401

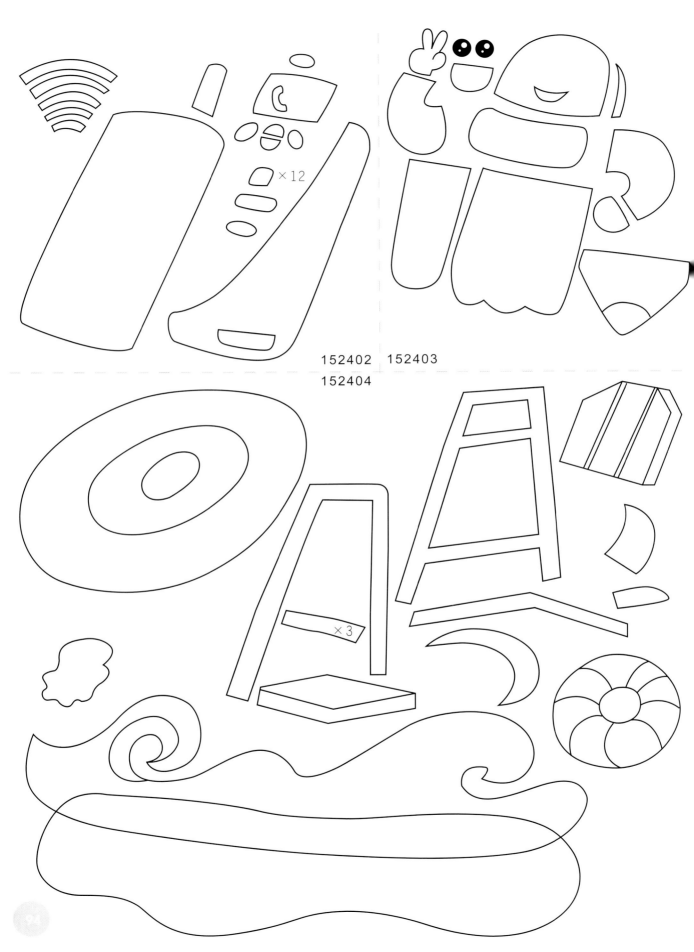

×12

152402   152403

152404

×3

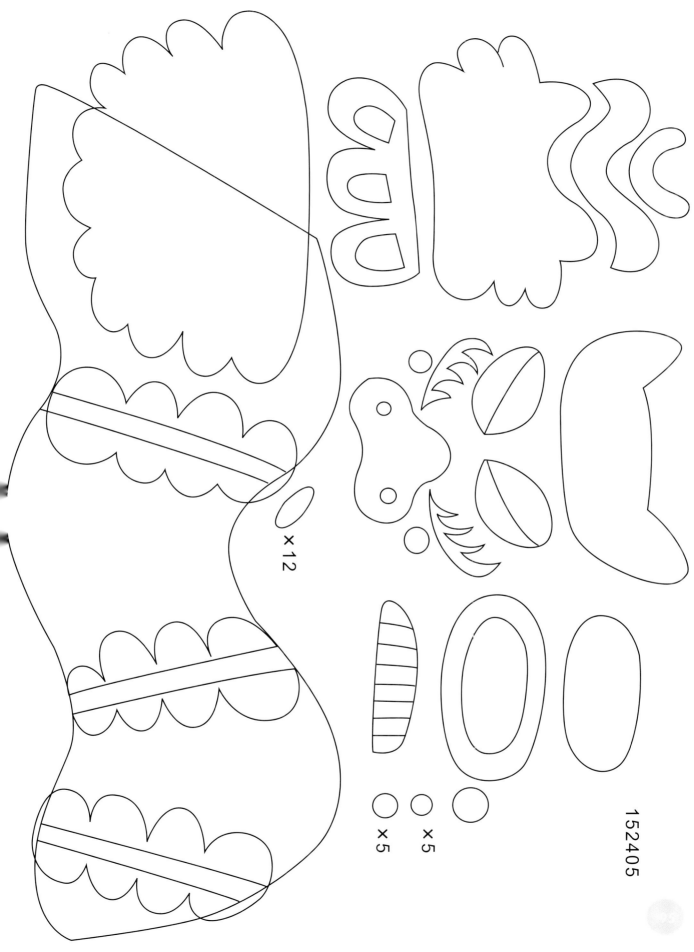

×12

×5

×5

152405

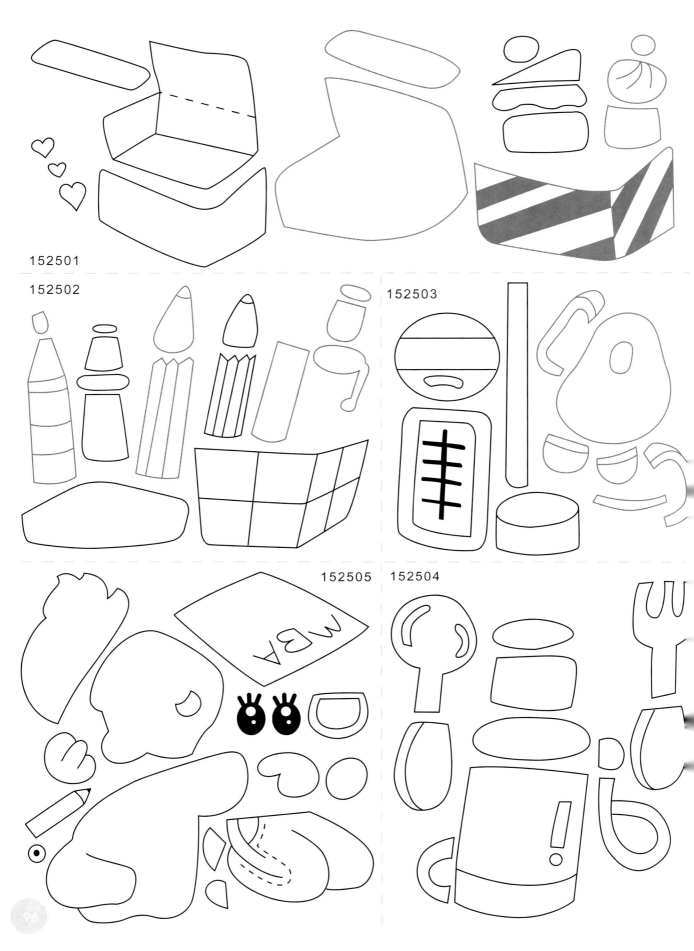

152501

152502

152503

152505

152504

152506

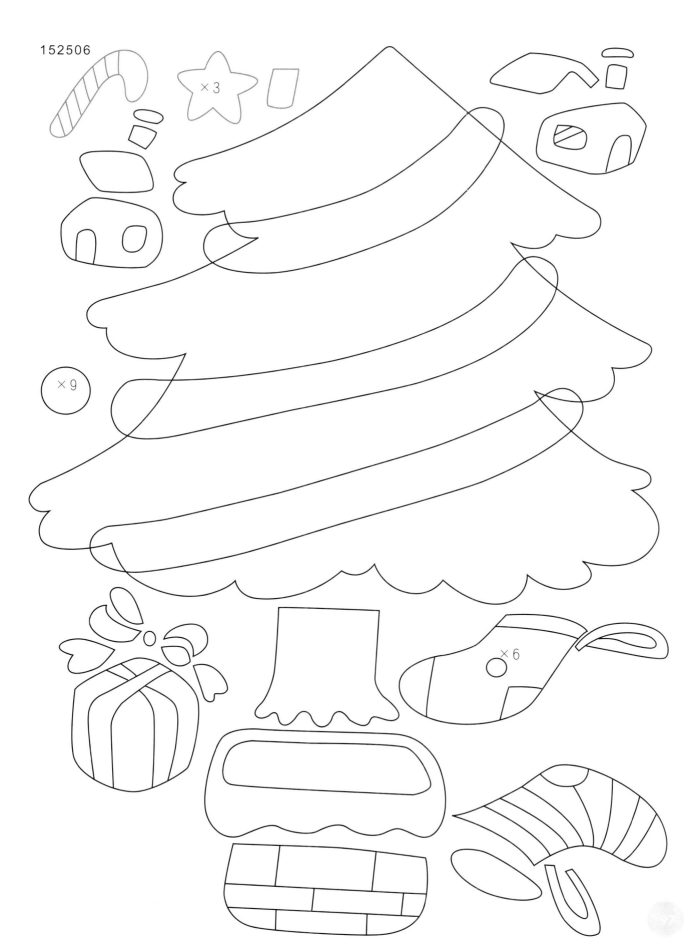

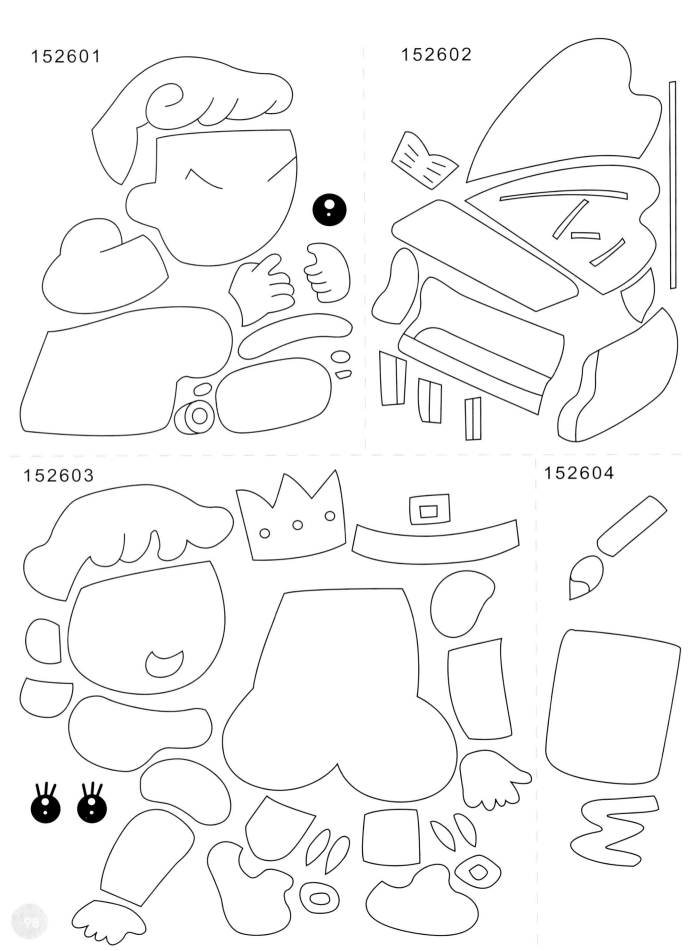

152601

152602

152603

152604

98

152605

152606

152607

152608

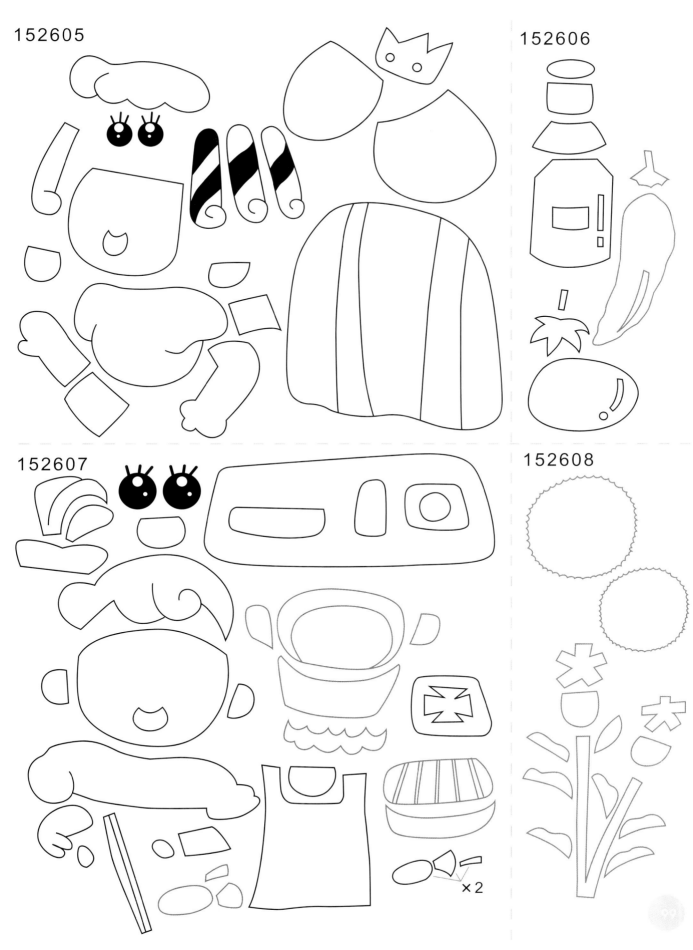

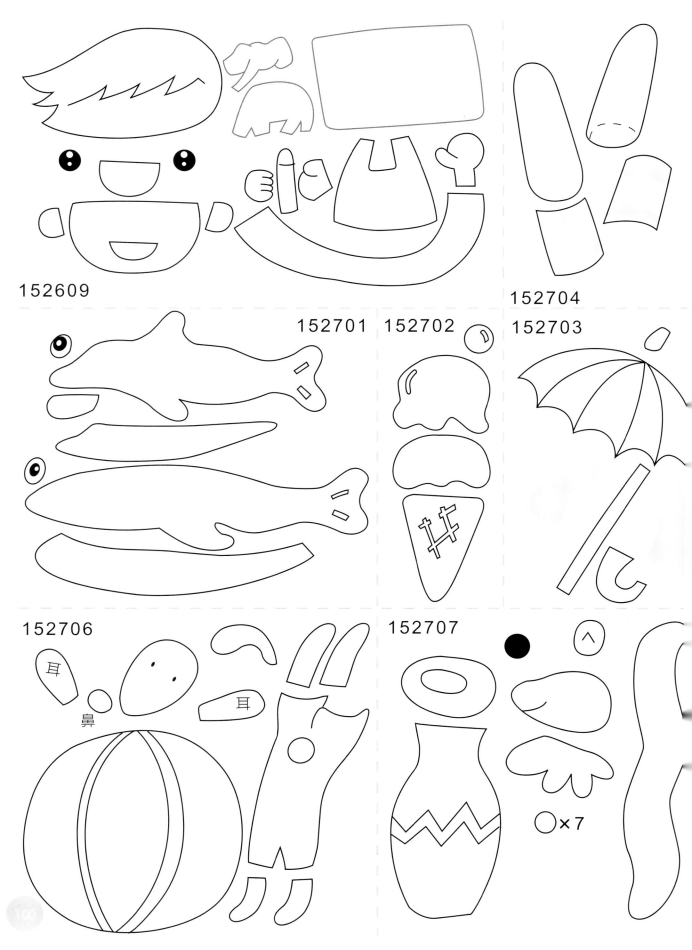

152609

152704

152701

152702

152703

152706

152707

耳

鼻

耳

×7

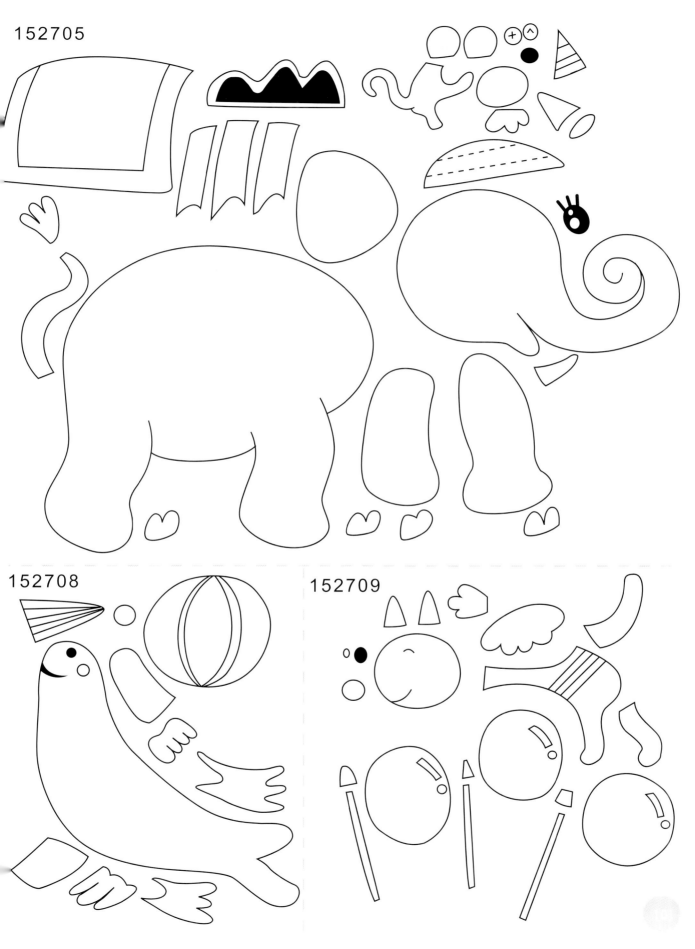

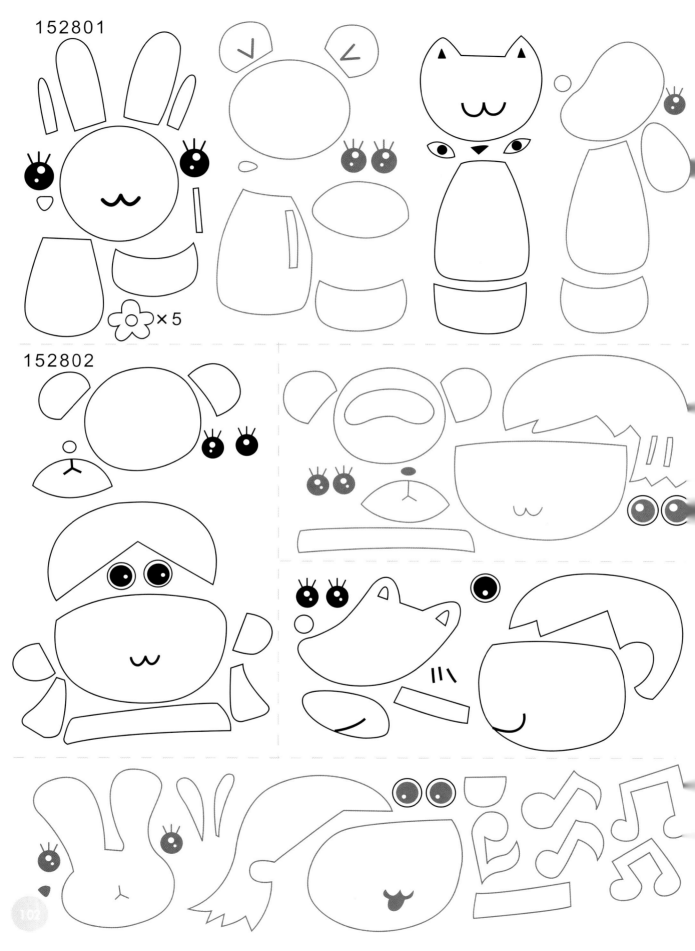

152801

152802

×5

102

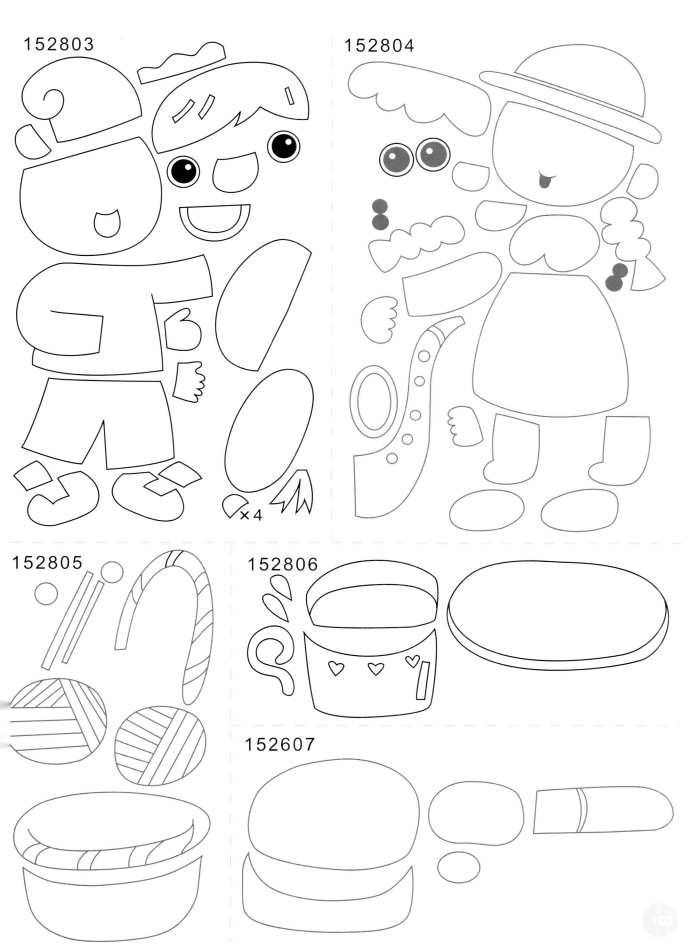

152803

152804

152805

152806

152607

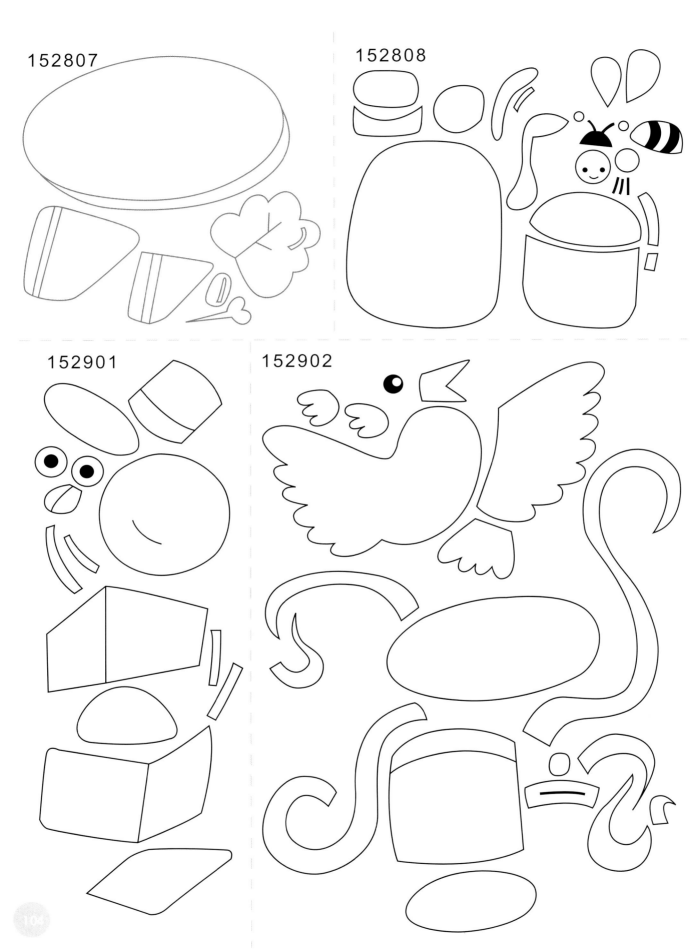

152807

152808

152901

152902

152903

152904

152905

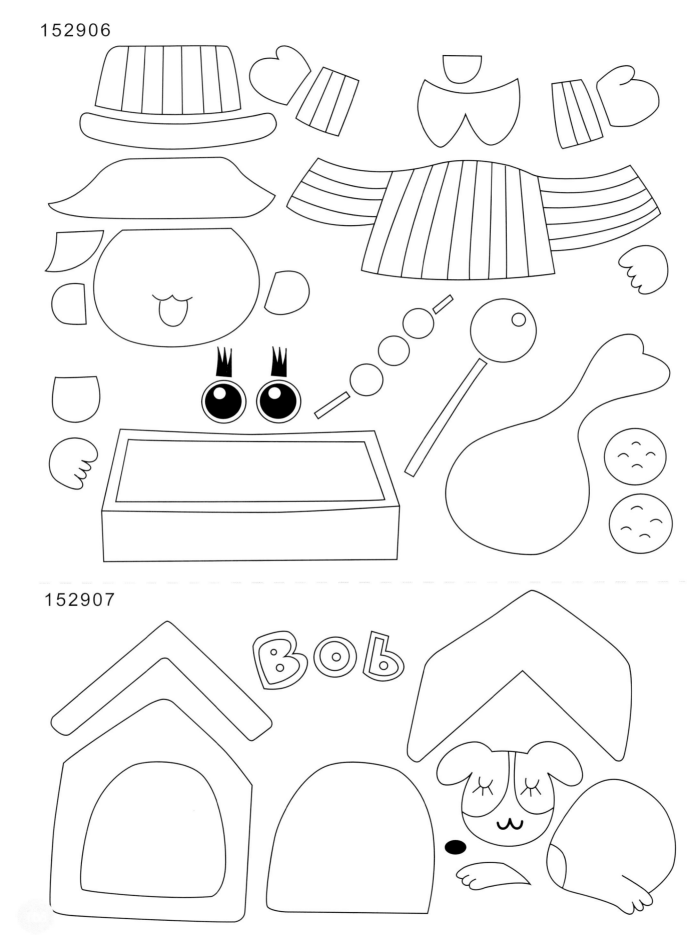

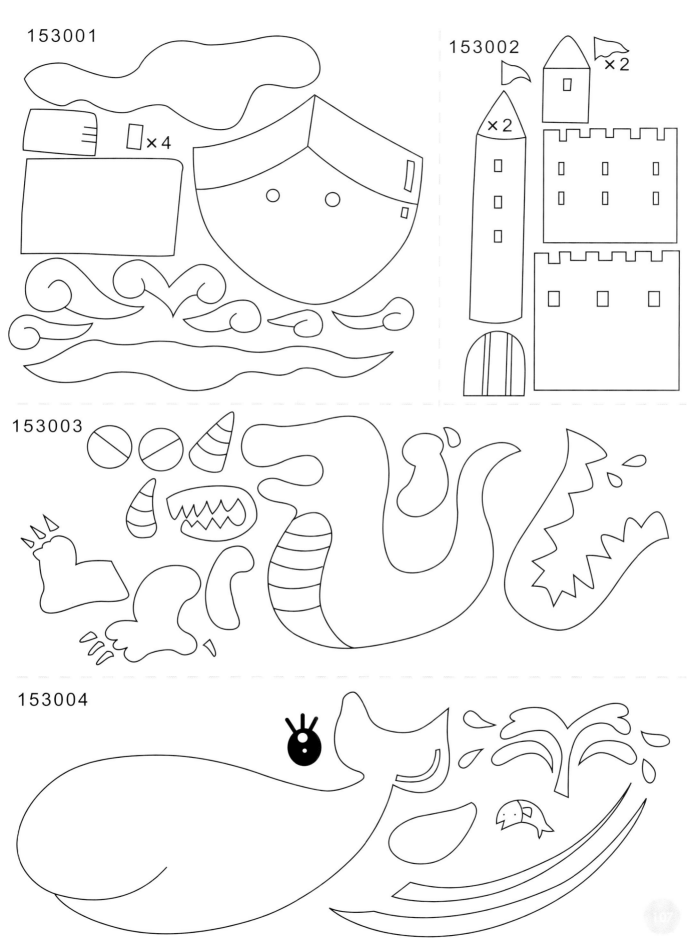

153005

153006

153007

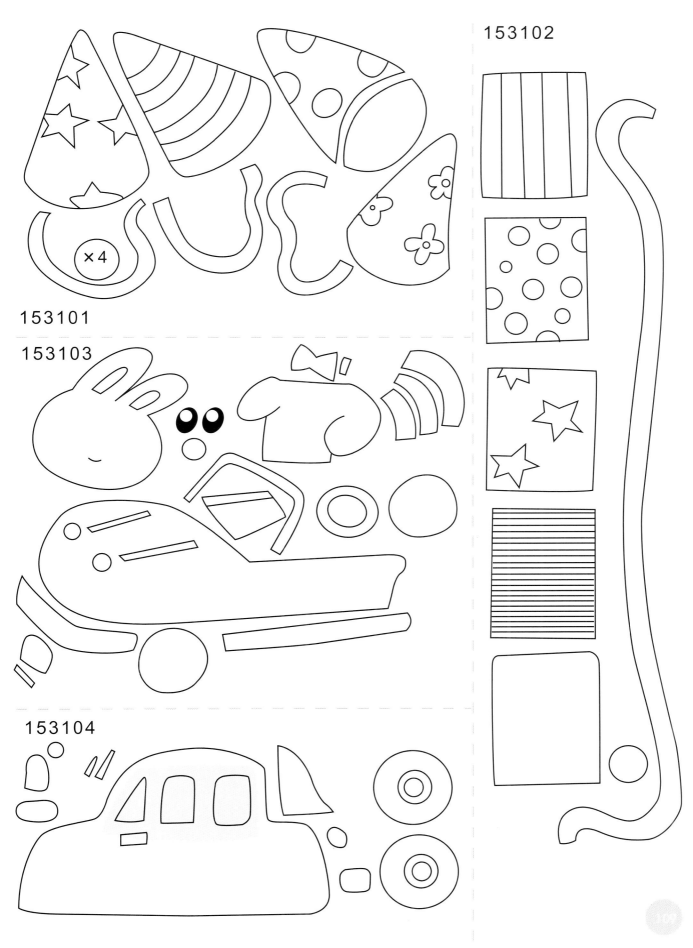

153102

153101

153103

153104

153105

153106

153107

×6

×9

×4

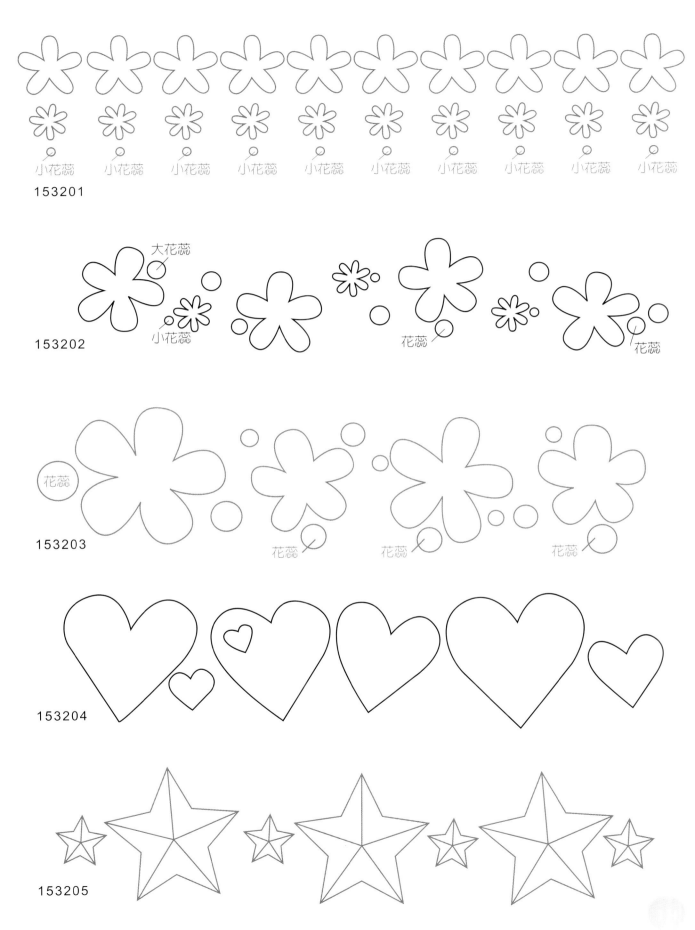

153201

小花蕊 小花蕊 小花蕊 小花蕊 小花蕊 小花蕊 小花蕊 小花蕊 小花蕊 小花蕊

153202

大花蕊
小花蕊
花蕊
花蕊

153203

花蕊
花蕊 花蕊 花蕊

153204

153205

153301

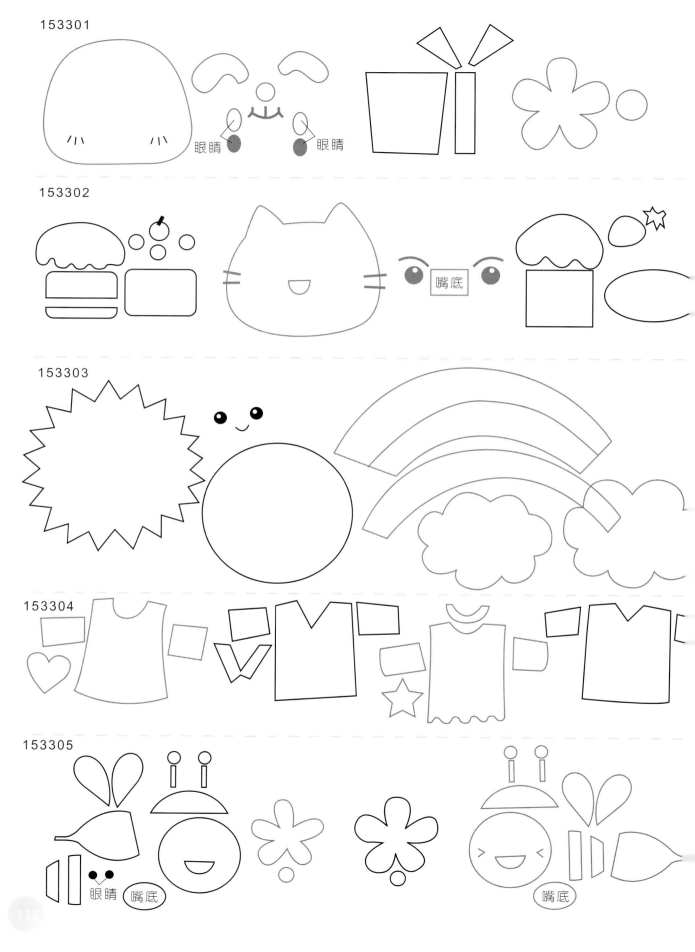

153302

153303

153304

153305

眼睛 眼睛 嘴底 眼睛 嘴底 嘴底

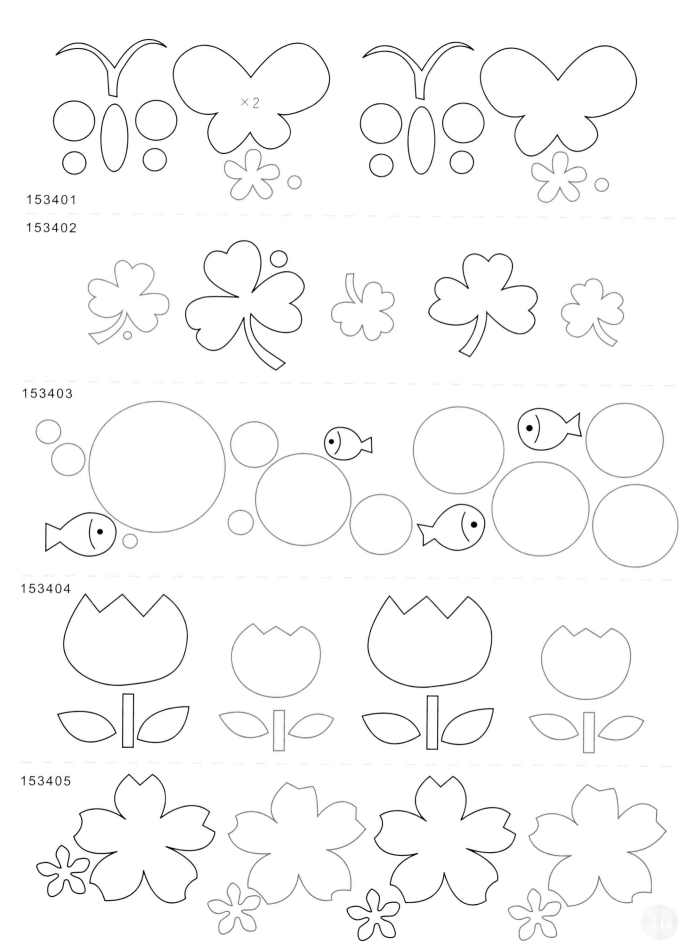

153401

153402

153403

153404

153405

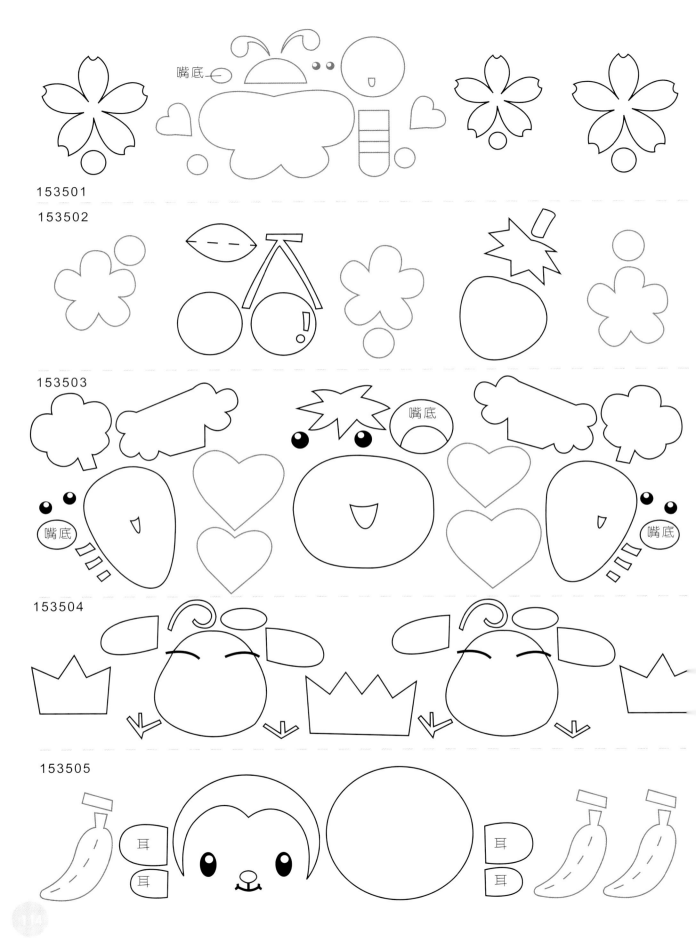

153501

153502

嘴底

153503

嘴底

嘴底

嘴底

153504

153505

耳

耳

153601

153602

153603

嘴底   嘴底

153604

×3   嘴底

53605

×2   ×2

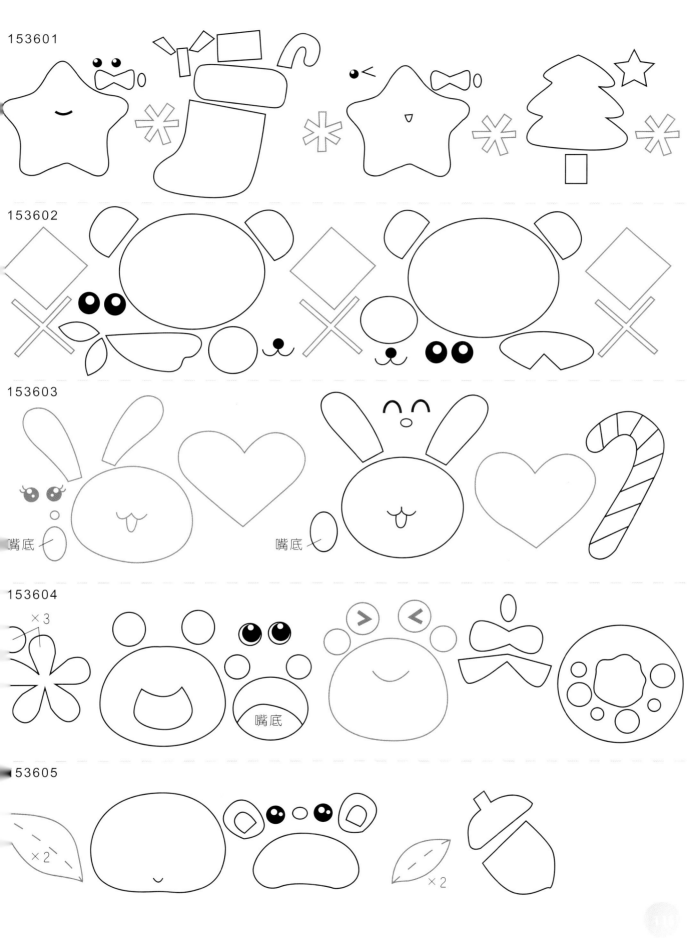

新形象出版圖書目錄

郵撥: 0510716-5　　陳偉賢　　地址:北縣中和市中和路322號8F之1
TEL: 29207133・29278446　　FAX : 29290713

一. 美術設計類

代碼	書名	定價
00001-01	新插畫百科(上)	400
00001-02	新插畫百科(下)	400
00001-04	世界名家包裝設計(大8開)	600
00001-06	世界名家插畫專輯(大8開)	600
00001-09	世界名家兒童插畫(大8開)	650
00001-05	藝術.設計的平面構成	380
00001-10	商業美術設計(平面應用篇)	450
00001-07	包裝結構設計	400
00001-11	廣告視覺媒體設計	400
00001-15	應用美術.設計	400
00001-16	插畫藝術設計	400
00001-18	基礎造型	400
00001-21	商業電腦繪圖設計	500
00001-22	商標造型創作	380
00001-23	插畫彙編(事物篇)	380
00001-24	插畫彙編(交通工具篇)	380
00001-25	插畫彙編(人物篇)	380
00001-28	版面設計基本原理	480
00001-29	D.T.P(桌面排版)設計入門	480
X0001	印刷設計圖案(人物篇)	380
X0002	印刷設計圖案(動物篇)	380
X0003	圖案設計(花木篇)	350
X0015	裝飾花邊圖案集成	450
X0016	實用聖誕圖案集成	380

二. POP 設計

代碼	書名	定價
00002-03	精緻手繪POP字體3	400
00002-04	精緻手繪POP海報4	400
00002-05	精緻手繪POP展示5	400
00002-06	精緻手繪POP應用6	400
00002-08	精緻手繪POP字體8	400
00002-09	精緻手繪POP插圖9	400
00002-10	精緻手繪POP畫典10	400
00002-11	精緻手繪POP個性字11	400
00002-12	精緻手繪POP校園篇12	400
00002-13	POP廣告 1.理論&實務篇	400
00002-14	POP廣告 2.麥克筆字體篇	400
00002-15	POP廣告 3.手繪創意字篇	400
00002-18	POP廣告 4.手繪POP製作	400

代碼	書名	定價
00002-22	POP廣告 5.店頭海報設計	450
00002-21	POP廣告 6.手繪POP字體	400
00002-26	POP廣告 7.手繪海報設計	450
00002-27	POP廣告 8.手繪軟筆字體	400
00002-16	手繪POP的理論與實務	400
00002-17	POP字體篇-POP正體自學1	450
00002-19	POP字體篇-POP個性自學2	450
00002-20	POP字體篇-POP變體字3	450
00002-24	POP字體篇-POP變體字4	450
00002-31	POP字體篇-POP創意自學5	450
00002-23	海報設計 1.POP秘笈-學習	500
00002-25	海報設計 2.POP秘笈-綜合	450
00002-28	海報設計 3.手繪海報	450
00002-29	海報設計 4.精緻海報	500
00002-30	海報設計 5.店頭海報	500
00002-32	海報設計 6.創意海報	450
00002-34	POP高手1-POP字體(變體字)	400
00002-33	POP高手2-POP商業廣告	400
00002-35	POP高手3-POP廣告實例	400
00002-36	POP高手4-POP實務	400
00002-39	POP高手5-POP插畫	400
00002-37	POP高手6-POP視覺海報	400
00002-38	POP高手7-POP校園海報	400

三.室內設計透視圖

代碼	書名	定價
00003-01	籃白相間裝飾法	450
00003-03	名家室內設計作品專集(8開)	600
00002-05	室內設計製圖實務與圖例	650
00003-05	室內設計製圖	650
00003-06	室內設計基本製圖	350
00003-07	美國最新室內透視圖表現1	500
00003-08	展覽空間規劃	650
00003-09	店面設計入門	550
00003-10	流行店面設計	450
00003-11	流行餐飲店設計	480
00003-12	居住空間的立體表現	500
00003-13	精緻室內設計	800
00003-14	室內設計製圖實務	450
00003-15	商店透視-麥克筆技法	500
00003-16	室內外空間透視表現法	480
00003-18	室內設計配色手冊	350

00003-21	休閒俱樂部.酒吧與舞台	1,200
00003-22	室內空間設計	500
00003-23	櫥窗設計與空間處理(平)	450
00003-24	博物館&休閒公園展示設計	800
00003-25	個性化室內設計精華	500
00003-26	室內設計&空間運用	1,000
00003-27	萬國博覽會&展示會	1,200
00003-33	居家照明設計	950
00003-34	商業照明-創造活潑生動的	1,200
00003-29	商業空間-辦公室.空間.傢俱	650
00003-30	商業空間-酒吧.旅館及餐廳	650
00003-31	商業空間-商店.巨型百貨公司	650
00003-35	商業空間-辦公傢俱	700
00003-36	商業空間-精品店	700
00003-37	商業空間-餐廳	700
00003-38	商業空間-店面櫥窗	700
00003-39	室內透視繪製實務	600
00003-40	家居空間設計與快速表現	450
00003-41	室內空間徒手表現	600

四.圖學

代碼	書名	定價
00004-01	綜合圖學	250
00004-02	製圖與識圖	280
00004-04	基本透視實務技法	400
00004-05	世界名家透視圖全集(大8開)	600

五.色彩配色

代碼	書名	定價
00005-01	色彩計畫(北星)	350
00005-02	色彩心理學-初學者指南	400
00005-03	色彩與配色(普級版)	300
00005-05	配色事典(1)集	330
00005-05	配色事典(2)集	330
00005-07	色彩計畫實用色票集+129a	480

六. SP 行銷.企業識別設計

代碼	書名	定價
00006-01	企業識別設計(北星)	450
B0209	企業識別系統	400
00006-02	商業名片(1)-(北星)	450
00006-03	商業名片(2)-創意設計	450
00006-05	商業名片(3)-創意設計	450

00006-06	最佳商業手冊設計	600
A0198	日本企業識別設計(1)	400
A0199	日本企業識別設計(2)	400

七.造園景觀

代碼	書名	定價
00007-01	造園景觀設計	1,200
00007-02	現代都市街道景觀設計	1,200
00007-03	都市水景設計之要素與概	1,200
00007-05	最新歐洲建築外觀	1,500
00007-06	觀光旅館設計	800
00007-07	景觀設計實務	850

八. 繪畫技法

代碼	書名	定價
00008-01	基礎石膏素描	400
00008-02	石膏素描技法專集(大8開)	450
00008-03	繪畫思想與造形理論	350
00008-04	魏斯水彩畫專集	650
00008-05	水彩靜物圖解	400
00008-06	油彩畫技法1	450
00008-07	人物靜物的畫法	450
00008-08	風景表現技法 3	450
00008-09	石膏素描技法4	450
00008-10	水彩.粉彩表現技法5	450
00008-11	描繪技法6	350
00008-12	粉彩表現技法7	400
00008-13	繪畫表現技法8	500
00008-14	色鉛筆描繪技法9	400
00008-15	油畫配色精要10	400
00008-16	鉛筆技法11	350
00008-17	基礎油畫12	450
00008-18	世界名家水彩(1)(大8開)	650
00008-20	世界水彩畫家專集(3)(大8開)	650
00008-22	世界名家水彩專集(5)(大8開)	650
00008-23	壓克力畫技法	400
00008-24	不透明水彩技法	400
00008-25	新素描技法解說	350
00008-26	畫鳥.話鳥	450
00008-27	噴畫技法	600
00008-29	人體結構與藝術構成	1,300
00008-30	藝用解剖學(平裝)	350

代碼	書名	定價
00008-65	中國畫技法(CD/ROM)	500
00008-32	千嬌百態	450
00008-33	世界名家油畫專集(大8開)	650
00008-34	插畫技法	450
00008-37	粉彩畫技法	450
00008-38	實用繪畫範本	450
00008-39	油畫基礎畫法	450
00008-40	用粉彩來捕捉個性	550
00008-41	水彩拼貼技法大全	650
00008-42	人體之美實體素描技法	400
00008-44	噴畫的世界	500
00008-45	水彩技法圖解	450
00008-46	技法1-鉛筆畫技法	350
00008-47	技法2-粉彩筆畫技法	450
00008-48	技法3-沾水筆.彩色墨水技法	450
00008-49	技法4-野生植物畫法	400
00008-50	技法5-油畫質感	450
00008-57	技法6-陶藝教室	400
00008-59	技法7-陶藝彩繪的裝飾技巧	450
00008-51	如何引導觀畫者的視線	450
00008-52	人體素描-裸女繪畫的姿勢	400
00008-53	大師的油畫祕訣	750
00008-54	創造性的人物速寫技法	600
00008-55	壓克力膠彩全技法	450
00008-56	畫彩百科	500
00008-58	繪畫技法與構成	450
00008-60	繪畫藝術	450
00008-61	新麥克筆的世界	660
00008-62	美少女生活插畫集	450
00008-63	軍事插畫集	500
00008-64	技法6-品味陶藝專門技法	400
00008-66	精細素描	300
00008-67	手槍與軍事	350
00008-71	藝術讚頌	250

九. 廣告設計.企劃

代碼	書名	定價
00009-02	CI與展示	400
00009-03	企業識別設計與製作	400
00009-04	商標與CI	400
00009-05	實用廣告學	300
00009-11	1-美工設計完稿技法	300
00009-12	2-商業廣告印刷設計	450
00009-13	3-包裝設計典線面	450
00001-14	4-展示設計(北星)	450
00009-15	5-包裝設計	450
00009-14	CI視覺設計(文字媒體應用)	450
00009-16	被遺忘的心形象	150
00009-18	綜藝形象100序	150
00006-04	名家創意系列1-識別設計	1,200
00009-20	名家創意系列2-包裝設計	800
00009-21	名家創意系列3-海報設計	800
00009-22	創意設計-啟發創意的平面	850
Z0905	CI視覺設計(信封名片設計)	350
Z0906	CI視覺設計(DM廣告型1)	350
Z0907	CI視覺設計(包裝點線面1)	350
Z0909	CI視覺設計(企業名片吊卡)	350
Z0910	CI視覺設計(月曆PR設計)	350

十.建築房地產

代碼	書名	定價
00010-01	日本建築及空間設計	1,350
00010-02	建築環境透視圖-運用技巧	650
00010-04	建築模型	550
00010-10	不動產估價師實用法規	450
00010-11	經營寶點-旅館聖經	250
00010-12	不動產經紀人考試法規	590
00010-13	房地41-民法概要	450
00010-14	房地47-不動產經濟法規精要	280
00010-06	美國房地產買賣投資	220
00010-29	實戰3-土地開發實務	360
00010-27	實戰4-不動產估價實務	330
00010-28	實戰5-產品定位實務	330
00010-37	實戰6-建築規劃實務	390
00010-30	實戰7-土地制度分析實務	300
00010-59	實戰8-房地產行銷實務	450
00010-03	實戰9-建築工程管理實務	390
00010-07	實戰10-土地開發實務	400
00010-08	實戰11-財務稅務規劃實務 (上)	380
00010-09	實戰12-財務稅務規劃實務 (下)	400
00010-20	寫實建築表現技法	600
00010-39	科技產物環境規劃與區域	300
00010-41	建築物噪音與振動	600
00010-42	建築資料文獻目錄	450

00010-46	建築圖解-接待中心.樣品屋	350
00010-54	房地產市場景氣發展	480
00010-63	當代建築師	350
00010-64	中美洲-樂園貝里斯	350

十一. 工藝		
代碼	書名	定價
00011-02	籐編工藝	240
00011-04	皮雕藝術技法	400
00011-05	紙的創意世界-紙藝設計	600
00011-07	陶藝娃娃	280
00011-08	木彫技法	300
00011-09	陶藝初階	450
00011-10	小石頭的創意世界(平裝)	380
00011-11	紙黏土1-黏土的遊藝世界	350
00011-16	紙黏土2-黏土的環保世界	350
00011-13	紙雕創作-餐飲篇	450
00011-14	紙雕嘉年華	450
00011-15	紙黏土白皮書	450
00011-17	軟陶風情畫	480
00011-19	談紙神工	450
00011-18	創意生活DIY(1)美勞篇	450
00011-20	創意生活DIY(2)工藝篇	450
00011-21	創意生活DIY(3)風格篇	450
00011-22	創意生活DIY(4)綜合媒材	450
00011-22	創意生活DIY(5)札貨篇	450
00011-23	創意生活DIY(6)巧飾篇	450
00011-26	DIY物語(1)織布風雲	400
00011-27	DIY物語(2)鐵的代誌	400
00011-28	DIY物語(3)紙黏土小品	400
00011-29	DIY物語(4)重慶深林	400
00011-30	DIY物語(5)環保超人	400
00011-31	DIY物語(6)機械主義	400
00011-32	紙藝創作1-紙塑娃娃(特價)	299
00011-33	紙藝創作2-簡易紙塑	375
00011-35	巧手DIY1紙黏土生活陶器	280
00011-36	巧手DIY2紙黏土裝飾小品	280
00011-37	巧手DIY3紙黏土裝飾小品 2	280
00011-38	巧手DIY4簡易的拼布小品	280
00011-39	巧手DIY5藝術麵包花入門	280
00011-40	巧手DIY6紙黏土工藝(1)	280
00011-41	巧手DIY7紙黏土工藝(2)	280

00011-42	巧手DIY8紙黏土娃娃(3)	280
00011-43	巧手DIY9紙黏土娃娃(4)	280
00011-44	巧手DIY10-紙黏土小飾物(1)	280
00011-45	巧手DIY11-紙黏土小飾物(2)	280
00011-51	卡片DIY1-3D立體卡片1	450
00011-52	卡片DIY2-3D立體卡片2	450
00011-53	完全DIY手冊1-生活啟室	450
00011-54	完全DIY手冊2-LIFE生活館	280
00011-55	完全DIY手冊3-綠野仙蹤	450
00011-56	完全DIY手冊4-新食器時代	450
00011-60	個性針織DIY	450
00011-61	織布生活DIY	450
00011-62	彩繪藝術DIY	450
00011-63	花藝禮品DIY	450
00011-64	節慶DIY系列1.聖誕饗宴-1	400
00011-65	節慶DIY系列2.聖誕饗宴-2	400
00011-66	節慶DIY系列3.節慶嘉年華	400
00011-67	節慶DIY系列4.節慶道具	400
00011-68	節慶DIY系列5.節慶卡麥拉	400
00011-69	節慶DIY系列6.節慶禮物包	400
00011-70	節慶DIY系列7.節慶佈置	400
00011-75	休閒手工藝系列1-鉤針玩偶	360
00011-76	親子同樂1-童玩勞作(特價)	280
00011-77	親子同樂2-紙藝勞作(特價)	280
00011-78	親子同樂3-玩偶勞作(特價)	280
00011-79	親子同樂5-自然科學勞作(特價)	280
00011-80	親子同樂4-環保勞作(特價)	280
00011-81	休閒手工藝系列2-銀編首飾	360
00011-83	親子同樂6-可愛娃娃勞作	375
00011-84	親子同樂7-生活萬象勞作	375
00011-85	芳香布娃娃	360

十二. 幼教		
代碼	書名	定價
00012-01	創意的美術教室	450
00012-02	最新兒童繪畫指導	400
00012-03	教具製作設計	360
00012-04	教室環境設計	350
00012-05	教具製作與應用	350
00012-06	教室環境設計-人物篇	360
00012-07	教室環境設計-動物篇	360
00012-08	教室環境設計-童話圖案篇	360

教室佈置系列 ⑮

趣味花邊造型

出 版 者：新形象出版事業有限公司
負 責 人：陳偉賢
地 址：台北縣中和市中和路322號8F之1
電 話：29207133・29278446
F A X：29290713
編 著 者：編輯部
總 策 劃：陳偉賢
執行企劃：黃筱晴
美術設計：賴淑玲
電腦美編：洪麒偉
封面設計：洪麒偉、黃筱晴
總 代 理：北星圖書事業股份有限公司
地 址：台北縣永和市中正路462號5F
門 市：北星圖書事業股份有限公司
地 址：永和市中正路498號
電 話：29229000
F A X：29229041
網 址：www.nsbooks.com.tw
郵 撥：0544500-7北星圖書帳戶
印 刷 所：利林印刷股份有限公司
製 版 所：興旺彩色印刷製版有限公司

行政院新聞局出版事業登記證／局版台業字第3928號
經濟部公司執照／76建三辛字第214743號
■本書如有裝訂錯誤破損缺頁請寄回退換
西元2004年12月　第一版第一刷

國家圖書館出版品預行編目資料

趣味花邊造型 / [新形象出版事業有限公司]編
輯部編著. -- 第一版 。-- 臺北縣中和市：
　新形象 ，2004〔民93〕
　　面；　　公分. -- （教室佈置系列；15）
　ISBN 957-2035-66-5（平裝）

1.紙雕

972　　　　　　　　　　　　　　93018935